# An Bord Kochbuch für Segler

*Die leckersten Rezepte der Bordküche für eine perfekte Verpflegung auf jedem Törn ohne Stress und Arbeit*

Alexander Buttler

Alle Ratschläge in diesem Buch wurden vom Autor und vom Verlag sorgfältig erwogen und geprüft. Eine Garantie kann dennoch nicht übernommen werden. Eine Haftung des Autors beziehungsweise des Verlags für jegliche Personen-, Sach- und Vermögensschäden ist daher ausgeschlossen.


Email: info@edition-lunerion.de
www.edition-lunerion.de



Psiana eCom UG
Berumer Str. 44
26844 Jemgum

# Vorwort

Ahoi! Den Blick in die Ferne richten: Der scheinbar unendliche Horizont, das sanfte Meeresrauschen, die stetigen Wellen und der Wind, der einem um die Nase weht, während man mit seinem Boot in fremden Gewässern segelt. Freiheit. Für viele bedeutet eine Reise mit dem Segelschiff genau das. Dieses einzigartige Lebensgefühl von frei sein und unabhängig sein, in Verbindung mit einer körperlichen Herausforderung und innerer Ruhe, macht eine Bootstour aus.

Doch am Ende des Tages, nach getaner Arbeit, knurrt der Magen. Und auch, wenn die Kombüse an Bord meistens in ihrer Größe und Ausstattung beschränkt ist, muss dies nicht zwangsläufig auch für Ihre Speisekarten gelten. In diesem Buch finden Sie eine Vielzahl von abwechslungsreichen und leckeren Rezepten, die sich auch in einer Schiffsküche einfach umsetzen lassen. Probieren Sie es aus und starten Sie nicht nur Ihr eigenes Segel-Abenteuer, sondern auch Ihre ganz persönliche kulinarische Reise.

*Guten Appetit!*

# INHALT

Über das Segeln .... 1
Lebensmittel haltbar machen .... 2
Checkliste für die Kombüse .... 8
Tipps für die kulinarische See-Reise .... 9

Frühstück .... 12
*Fruchtiger Buchweizen-Pudding* .... *13*
*Pfannenbrot* .... *14*
*Himbeer-Johannisbeer-Konfitüre* .... *15*
*Rhabarber-Marmelade mit Himbeernote* .... *16*
*Zwetschgenmus mit Schuss* .... *17*
*Klassische Pancakes* .... *18*
*Brötchen aus der Pfanne* .... *19*
*Overnight Oats* .... *20*
*Hirsebrei mit Apfel-Ahornsirup-Topping* .... *21*
*Frühstückspudding mit Leinsamen* .... *22*
*Frühstücksdrink* .... *23*
*Süßes Omelett* .... *24*
*Herzhaftes Omelett* .... *25*

Suppen & Eintöpfe .... 26
*Kartoffel-Pott* .... *27*
*Hackbällchen-Topf* .... *28*
*Bunte Nudelsuppe* .... *29*
*Brokkolisüppchen* .... *30*
*Fischsüppchen* .... *31*

Salate ........................................................ 32

*Thunfisch-Avocado-Salat* ........................................ *33*

*Fisch-Salat mit Melone und Feta* ........................................ *34*

*Räucherlachs-Salat* ........................................ *35*

*Garnelen-Salat* ........................................ *36*

*Rote Bete-Mix* ........................................ *37*

*Blattsalat mit Hähnchen* ........................................ *38*

*Salat Mexico* ........................................ *39*

*Apfel-Kohlrabi-Mix* ........................................ *40*

Hauptspeisen mit Fisch ........................................ 41

*One-Pot-Paella* ........................................ *42*

*Spaghetti in Mediterraner Sauce mit Garnelen* ........................................ *43*

*Pastinakenmus mit Lachs und Petersilien-pesto* ........................................ *44*

*Oktopussalat* ........................................ *45*

*Gnocchi mit Garnelen* ........................................ *46*

*Lachs-Pasta mit Spinat und Champignons* ........................................ *47*

*Gemüsepfanne mit Fisch* ........................................ *48*

*Fisch-Buletten* ........................................ *49*

*Curry mit Lachs und Reis* ........................................ *50*

*Muscheleintopf* ........................................ *51*

Hauptspeisen mit Fleisch ........................................ 52

*Bärlauch-Pasta mit Hähnchen* ........................................ *53*

*Hähnchen-Paella* ........................................ *54*

*Nudel-Speck-Topf* ........................................ *55*

*Sauerkraut-Eintopf* ........................................ *56*

*Mediterrane One-Pot-Pasta* ........................................ *57*

*Putenallerlei mit Pilzen* ........................................ *58*

*Buntes Hühnchen-Curry* ........................................ *59*

*Lasagne aus dem Topf* ........................................ *60*

*Spätzle mit Hähnchen* ........ *61*
*Hack-Zucchini-Topf* ........ *62*
*Hühnerfrikassee* ........ *63*

Vegetarisch & Vegan ........ 64

*Orecchiette* ........ *65*
*Eintopf aus Asien* ........ *66*
*Deftige Nudeln* ........ *67*
*Grüne Reibekuchen* ........ *68*
*Chili sin Carne* ........ *69*
*Reispfanne* ........ *70*
*Mexikanische Quesadillas* ........ *71*
*Curry mit Süßkartoffeln* ........ *72*
*Deftiges Rosenkohl-Omelett* ........ *73*
*Linsen-Curry mit Tofu* ........ *74*
*Pasta-Pot* ........ *75*
*Ravioli* ........ *76*

Internationale Häfen ........ 77

*Norwegen – Fiske suppe (Fischsuppe)* ........ *78*
*Schweden – Sommarsoppa (Leichte Sommersuppe)* ........ *79*
*Finnland – Lohikeitto (Lachseintopf)* ........ *80*
*Griechenland – FasolAda (Bohnensuppe)* ........ *81*
*Türkei – Mercimek Corbasi (Linseneintopf)* ........ *82*
*Holland – Mosterdsoep (Senfsuppe)* ........ *83*
*Italien – Spaghetti aglio e olio (Spaghetti mit Öl und Knoblauch)* ........ *84*
*Spanien – Tortilla (Omelett mit Kartoffeln)* ........ *85*
*Dänemark – Hakkeboef (Frikadellen)* ........ *86*
*Frankreich – Ratatouille (Gemüseeintopf)* ........ *87*

Snacks & Fingerfood .................................................. 88
*Pikantes im Glas* .................................................. *89*
*Frische Tomaten mit Füllung* .................................................. *90*
*Garnelen-Snack* .................................................. *91*
*Hähnchen-Wraps mit Avocado* .................................................. *92*
*Arme Segler* .................................................. *93*
*Schicht-Sandwich mit Fisch* .................................................. *94*
*Gegrillte Lachsspieße* .................................................. *95*

Desserts .................................................. 96
*Apfel im Teigmantel* .................................................. *97*
*Marillenbällchen* .................................................. *98*
*Apfelschicht-Dessert* .................................................. *99*
*Exotischer Milchreis* .................................................. *100*
*Griechischer Joghurt mit Limettennote* .................................................. *101*
*Fruchtige Honig-Mascarpone-Creme* .................................................. *102*
*Klassischer Vanillepudding* .................................................. *103*
*Klassischer Schokopudding* .................................................. *104*
*Süßes Couscous-Dessert* .................................................. *105*
*Walnusstraum* .................................................. *106*

Getränke .................................................. 107
*Bananen-Apfel-Drink* .................................................. *108*
*Roter Power-Drink* .................................................. *109*
*Exotischer Rumtopf* .................................................. *110*
*Eistee* .................................................. *111*
*Gurken-Limo* .................................................. *112*
*Punsch* .................................................. *113*
*Mors* .................................................. *114*

# Über das Segeln

*„Das Meer ist keine Landschaft, es ist das Erlebnis der Ewigkeit.“*
(Thomas Mann)

Diese Aussage wird nahezu jeder, der schon einmal eine längere Zeit auf See verbringen durfte, unterschreiben. Seit jeher fasziniert das Meer unzählige Menschen. Manche von ihnen genießen es, am Strand zu sitzen und das Meeresrauschen zu hören, andere tauchen lieber ab und lassen sich von der magischen Unterwasserwelt verzaubern. Und wieder andere suchen innere Ruhe und Gelassenheit oder auch stürmische Abenteuer auf See – ein Teil dieser Menschen sind die Segler. Ein Ausflug mit dem Schiff ist für viele Segler meist mehr als nur ein Hobby. Es ist viel mehr ein Lebensgefühl, das Finden von innerer Ruhe, gepaart mit absoluter Freiheit. Die Freiheit, selbst entscheiden zu können, welchen Kurs man wählt. Die Möglichkeit, selbst abwägen zu können, ob man mit vollen oder lieber nur mit halben Segeln fährt. Die Option zu haben, heute in einem Hafen anzulegen und morgen in einem anderen.

Diese grenzenlose Flexibilität und Freiheit, die eine Segelreise verspricht, findet sich in den meisten Kombüsen an Bord jedoch leider nicht wieder. Häufig sind die Küchen in ihrer Größe und Ausstattung beschränkt und auch die Lager- und Kühlressourcen sind begrenzt. Bedeutet das wochenlang nur Dosenravioli und Fertigsuppen? –Nein, auf keinen Fall. Mit diesem Kochbuch bekommen Sie über 90 leckere und einfache Rezepte, die Sie auf nahezu jedem Schiff nachkochen können. Alle Rezepte sind so konzipiert, dass Sie nicht mehr als zwei Herdplatten benötigen, und auch auf die Verwendung eines Backofens wird vollkommen verzichtet. Die Gerichte sind so ausgewählt, dass es Ihnen möglich ist, auch ohne viel Aufwand und Equipment abwechslungsreich, gesund und frisch zu kochen. Also setzen Sie die Segel und starten Sie Ihr ganz eigenes (Kombüsen-) Abenteuer.

# Lebensmittel haltbar machen

Auf vielen Schiffen gibt es inzwischen ausreichend große und gut ausgestattete Lager- und Kühlmöglichkeiten für diverse Lebensmittel. Doch insbesondere auf längeren Reisen, ohne tägliche Zwischenstopps in einem Hafen, ist es manchmal schwer, bestimmte Lebensmittel länger als ein paar Tage frisch zu halten. Damit Sie dennoch nicht dauerhaft auf diese Nahrungsmittel verzichten müssen, gibt es einige Möglichkeiten, die Haltbarkeit mancher Lebensmittel zu verlängern.

Diese Methoden sind das Aufkochen, Kühlen/Gefrieren, Einkochen, Trocknen und Einlegen. Auch wenn dieses Konservieren teils recht zeitaufwendig wirkt, ist es auch für Neulinge auf diesem Gebiet recht einfach durchzuführen und kann die Arbeit in der Kombüse deutlich erleichtern.

## Das Aufkochen

Diese Methode eignet sich vor allem für Eintöpfe und Suppen und macht diese problemlos für mehrere Tage haltbar. Das wiederholte Erhitzen über 100 °C hindert Bakterien und andere Mikroorganismen daran, sich auszubreiten. Darüber hinaus intensivieren einige Gerichte, wie beispielsweise ein Chili, bei erneutem Aufkochen sogar ihren Geschmack. Bestimmte Lebensmittel, wie zum Beispiel Spinat oder auch Pilze, dürfen jedoch nicht mit der Methode des Aufkochens behandelt werden, da sie bei einem erneuten Aufwärmen gesundheitsschädliche Stoffe produzieren können.

### Wie funktioniert's?

Das bereits fertige Gericht in einen ausreichend großen Topf füllen und zweimal am Tag aufkochen lassen. Hierbei darauf achten, dass das Essen für mindestens 15 Minuten sprudelnd aufkocht.

## Das Kühlen und Einfrieren

Das Kühlen und auch Einfrieren ist eine der gängigsten Arten, Lebensmittel länger haltbar zu machen. An Land gehören sowohl Kühlschrank als auch Gefrierfächer zur Standardausrüstung der meisten Küchen und auch an Bord der meisten Schiffe ist zumindest eine Möglichkeit zur Kühlung und immer häufiger auch eine Möglichkeit zum Gefrieren von Lebensmitteln zu finden. Informieren Sie sich am besten vorab, welche Gegebenheiten Sie an Bord haben. Dies erleichtert die spätere Aufbewahrung.

### Wie funktioniert's?

**Einfrieren:** Achten Sie darauf, möglichst kleine Portionen einzufrieren, um sowohl die Zeit des Durchfrierens als auch die des Auftauens gering zu halten. Das Einfrieren von Fisch, Fleisch und Fett macht diese Lebensmittel für ca. 6 Monate haltbar.

Beim Auftauen ist darauf zu achten, dass aufgetaute Lebensmittel direkt verarbeitet und verzehrt werden sollten. Eine Kühlung von aufgetauten Nahrungsmitteln ist nicht möglich. (Anmerkung: Werden die aufgetauten Lebensmittel verarbeitet, kann das gegarte Gericht natürlich gekühlt werden, um es beispielsweise für den Folgetag haltbar zu machen.)

Beachten Sie darüber hinaus bereits beim Einkauf von Tiefkühlwaren, dass diese idealerweise gekühlt, beispielsweise in Isolierverpackungen, an Bord transportiert werden. Darüber hinaus sollten Sie möglichst hochwertige Tiefkühlprodukte kaufen, die wenig Eiskristalle aufweisen. Ein erhöhtes Aufkommen von Eiskristallen kann ein Zeichen dafür sein, dass die Kühlkette bereits unterbrochen war und das Lebensmittel im Zuge dessen angetaut war und erneut eingefroren wurde.

**Kühlen:** Beim Kühlen ist es von Vorteil Lebensmittel wie Wurst und Käse einzeln und luftdicht zu verpacken. Falls Sie die Möglichkeit haben, sollten Sie auch die verschiedenen Kühlzonen Ihres Kühlschranks beachten und richtig nutzen, um eine möglichst optimale Kühlung der einzelnen Lebensmittel zu erzielen.

**Tipp:** Achten Sie darauf, dass Sie nicht ausschließlich gekühlte bzw. gefrorene Lebensmittel an Bord haben. Technische Probleme können auch auf hoher See auftreten und kiloweise getautes Fleisch und Fisch verarbeiten zu müssen, ist auch in der besten Kombüse kein Vergnügen.

## Das Einkochen

Das Einkochen, auch Pasteurisieren genannt, ermöglicht es, bestimmte Lebensmittel durch eine auf das Produkt abgestimmte Einkochzeit langfristig haltbar zu machen. Wird hierbei eine Temperatur von über 115 °C erreicht, spricht man auch von einer Sterilisation, bei der sogar die Sporen der Organismen vernichtet werden. Werden die Lebensmittel nach dem Einkochen luftdicht verpackt, können sich keine neuen Bakterien oder Mikroorganismen ansiedeln und die Nahrungsmittel bleiben über längere Zeit haltbar.

### Wie funktioniert's?

Für das Einkochen benötigt man einen Topf (falls vorhanden, eignet sich ein Schnellkochtopf am besten) und Gläser mit Schraubverschluss. Damit das Eingekochte wirklich frei von Bakterien bleibt, ist es wichtig, die Gläser sowie deren Deckel vor dem Befüllen für einige Minuten in kochendem Wasser zu sterilisieren. Nach dem Sterilisieren können die Gläser auf einem frischen, sauberen Geschirrhandtuch trocknen, damit sie nicht weiter berührt und somit kontaminiert werden können. Nachdem die Gläser vollständig getrocknet sind, können sie mit dem ausgewählten Lebensmittel (z.B.: Marmelade, Eintopf, Soßen, Curry, Fisch etc.) befüllt werden. Beim „Heißeinfüllen“ kann beispielsweise die Marmelade zunächst gekocht und anschließend noch heiß in die sterilisierten Gläser gefüllt werden. Dann die Gläser mit einem Deckel verschließen und kopfüber auf ein Geschirrhandtuch stellen und auskühlen lassen. Beim Heißeinfüllen werden die Lebensmittel also nicht direkt sterilisiert, sondern durch die Beimischung eines Zusatzstoffes, wie in diesem Fall (Gelierzucker), haltbar gemacht und anschließend im heißen Zustand steril verpackt, sodass sich keine Bakterien ansiedeln können.

Insbesondere das Einkochen von Marmelade ist überaus beliebt und stellt zudem die ideale Verwertung von reifem bis überreifem Obst dar. Fügt man beim Kochen noch etwas Zitronensaft hinzu, verstärkt dies nicht nur den Geschmack, sondern erhält auch die leuchtende Farbe des Obstes. Darüber hinaus eignen sich auch einige Gewürze und Kräuter zum Verfeinern von selbstgemachter Konfitüre.

Anders als beim Heißeinfüllen kann man im Beispiel von Fisch jedoch auch direkt im Glas einkochen. Hierfür den Fisch filetieren, bei Bedarf direkt passend würzen und anschließend möglichst eng in das Glas schichten. Den Fisch nun mit einer passenden Flüssigkeit auffüllen, wie beispielsweise Tomatensoße oder einem Wasser-Zitronen-Gemisch, und hierbei etwa 1 cm Platz zum Deckelrand lassen. Nun die Gläser mit einem Deckel verschließen und kopfüber auf ein Geschirrhandtuch stellen. Als Nächstes den Schnellkochtopf bis zur halben Glashöhe mit Wasser befüllen und einen passenden Einsatz oder ein sauberes Tuch auf den Topfboden legen. Anschließend die Gläser daraufstellen, sodass sie den Topfboden nicht direkt berühren. Achtung: Hierbei sollte das Wasser im Topf ungefähr die gleiche Temperatur wie die Flüssigkeit in den Gläsern haben, damit diese nicht springen. Die Gläser für ca. 1 Stunde bei schwacher Hitze und geschlossenem Deckel kochen. Nach Ende der Einkochzeit den Topf vom Herd nehmen und abkühlen lassen, bis der Druck im Topf von allein (!) sinkt und sich der Deckel des Topfes mühelos öffnen lässt. Die Gläser aus dem Topf nehmen und mit ausreichend Abstand zueinander auf ein Geschirrhandtuch stellen und vollständig abkühlen lassen. Die erkalteten, eingemachten Lebensmittel trocken und dunkel lagern und innerhalb von sechs Monaten verbrauchen.

**Tipp:** Nur Gläser, die beim Öffnen klacken, haben das gewünschte Vakuum gebildet und sind genießbar. Gläser, die kein Vakuum gebildet haben, sollten unter keinen Umständen verzehrt werden, da sie im schlimmsten Fall zu einer tödlich endenden Lebensmittelvergiftung führen könnten.

Kleine Orientierungshilfe für die richtigen Einkochzeiten bei vollem Druck (120 °C):

- Beeren und andere zarte Früchte: 5 bis 8 Minuten
- Obst mit Kernen oder Steinen: 9 bis 13 Minuten
- Essiggemüse: 12 bis 16 Minuten
- Gemüse: je nach Festigkeit 25 bis 35 Minuten
- Fleisch und Fisch: je nach Größe und Dicke 60 bis 120 Minuten

## Das Trocknen

Mikroorganismen und Bakterien benötigen als Lebensgrundlage ein Mindestgehalt an Wasser. Nimmt man Lebensmitteln also ihre Feuchtigkeit, verringert man somit langfristig eine Vermehrung von Bakterien und kann somit die Haltbarkeit von Nahrungsmitteln verlängern. Durch das Trocknen entsteht aus dem Lebensmittel somit eine Art Konzentrat, das im Geschmack noch intensiver ist als zuvor und bei dem nahezu alle Nährstoffe und Mineralien erhalten bleiben. Eine Ausnahme ist hierbei jedoch das Vitamin C, welches durch das Trocknen nahezu vollständig abgebaut wird. Nahrungsmittel, die getrocknet wurden, sind in der Regel jahrelang haltbar und können sowohl im trockenen Zustand verzehrt werden oder auch (bei vorherigem Einweichen) ganz normal gekocht, gebacken und gegart werden. In der Regel eignen sich die meisten Lebensmittel dazu, getrocknet zu werden. Hier eine kleine Übersicht sowie einige Tipps zum richtigen Trocknen:

- **Obst:** Vor dem Trocknen eine Mischung aus Zitronensaft und Wasser (bei Bedarf auch etwas Zucker) anrühren und das Obst hineintauchen, um ein bräunliches Verfärben zu verhindern. Birnen, Äpfel, Nektarinen und ähnliche Früchte nur waschen statt schälen, um die in der Schale enthaltenen Nährstoffe und Vitamine zu erhalten.

- **Pilze:** Möglichst dünn aufschneiden und bei älteren Pilzen die Haut und die Lamellen entfernen. Anschließend zum Trocknen auf ein Backpapier legen.

- **Gemüse:** Möglichst klein schneiden, um ein schnelles Trocknen zu ermöglichen.

- **Fisch und Fleisch:** Ebenfalls möglichst dünn und klein schneiden, um die Trockenzeit so kurz wie möglich zu halten. Auf keinen Fall vor dem Trocknen mit

Zitronensaft beträufeln, da sonst das Eiweiß mit der Zitronensäure reagiert und die Nahrungsmittel noch während des Trockenprozesses verderben.

- **Kräuter:** Kräuter idealerweise zu kleinen Sträußen zusammenbinden und mit den Stielen nach oben an einem luftigen Ort aufhängen.

Generell gilt für eine erfolgreiche Trocknung von Lebensmitteln, dass sie an einem warmen und luftigen Ort, bei einer Temperatur von 30 bis 50 °C stattfinden sollte. Dabei sollte das Trockengut keiner direkten Sonneneinstrahlung ausgesetzt werden. Sämtliche Nahrungsmittel mit einem Feuchtigkeitsgehalt von unter 15 % sind fertig getrocknet. Sie sind in ihrer Konsistenz dann sehr zäh, jedoch nicht steinhart. Das Trockengut kann anschließend luftdicht in Gläsern gelagert werden und ist so über mehrere Jahre haltbar.

## Das Einlegen

Insbesondere diverse Gemüsearten, wie beispielsweise Tomaten, Zucchini, Peperoni, Auberginen oder auch Paprika, können problemlos in Öl eingelegt werden. Um solche Antipasti herzustellen, ist es wichtig, das Gemüse gründlich vorzubereiten. An dieser Stelle gibt es verschiedene Optionen. So können Sie das Gemüse beispielsweise putzen, in mundgerechte Stücke zerteilen und in ein wenig Öl anbraten oder grillen. Es ist jedoch auch möglich, das Gemüse roh einzulegen oder bereits mit Frischkäse zu befüllen. Anschließend kann das Gemüse im Wechsel mit Kräutern und Gewürzen in ein Einmachglas geschichtet und mit heißem Pflanzenöl aufgefüllt werden. Zum Abschluss die Gläser verschließen und vollständig abkühlen lassen. Auch Butter oder fettreicher, fester Käse lassen sich in ihrer Haltbarkeit durch das Einlegen verlängern. Dabei wird die Butter oder der Käse jedoch nicht in Öl, sondern in Salzlake eingelegt. Hierfür eine ausreichende Menge Wasser in einen Topf füllen, aufkochen lassen und je 5 TL Salz pro Liter einrühren. Die Salzlake anschließend vollständig abkühlen lassen. Nun die Butter oder den Käse in sterile Einmachgläser geben und bis zum Überlaufen mit der Salzlake aufgießen. Die Gläser so fest wie möglich verschließen und an einem dunklen Platz lagern. Eingelegte Lebensmittel sind auf diese Weise mehrere Monate haltbar.

# Checkliste für die Kombüse

| | |
|---|---|
| Brettchen | - zum Schneiden und Anrichten |
| Einmachgläser mit Schraubverschluss | - für die langfristige Aufbewahrung von Fruchtmus, Marmeladen, Gelees, Soßen etc. |
| Kleine Schalen oder Gläser | - für Desserts, Cremes und Küchlein |
| Pfannenwender, Kochlöffel, Kellen etc. | - zum Rühren, Wenden, Abschöpfen etc. |
| Pürierstab | - zum Pürieren und Mixen von Getränken, Obst, Suppen und Eintöpfen |
| Reibe | - am besten mit verschiedenen Aufsätzen /Stärken zum Reiben von Obst, Gemüse oder beispielsweise Käse |
| Schneebesen | - ideal zum Verquirlen von Soßen oder dem Mixen von Teig |
| Schnellkochtopf | - kein Muss, aber zum Einkochen von Lebensmitteln eine große Erleichterung |
| Sieb | - zum Abgießen/Abtropfen lassen von (eingelegtem oder tiefgefrorenem) Obst oder Gemüse |
| Töpfe, Pfannen | - in verschiedenen Größen zum Anschwitzen, Kochen, Braten oder Vorgaren |
| Verschiedene Messer | - zum Schneiden und Hacken von Obst, Gemüse, Fleisch und Kräutern |

# Tipps für die kulinarische See-Reise

Damit Sie bestmöglich vorbereitet und ideal ausgestattet Ihre See-Reise genießen können, ist es sinnvoll vor und während der Reise bestimmte Dinge zu beachten:

## Der Einkauf

Alles ist eingekauft, gepackt, gelagert und sortiert. In der Vorratskammer liegen kiloweise Nudeln, Reis und Bohnen. Sinnvoll, logisch, nützlich - aber vielleicht gar nicht das, was Sie eigentlich *gerne* essen. Damit auch die für Sie richtigen Nahrungsmittel in der richtigen Menge auf dem Schiff landen, ist es empfehlenswert, Ihr Essverhalten für einige Wochen vor der geplanten Reise zu beobachten und gegebenenfalls zu protokollieren. Auf diese Weise bekommen Sie ganz leicht ein Gespür dafür, welche Lebensmittel und wie viel davon Sie an Bord tatsächlich brauchen. Darüber hinaus ist es zudem auch sinnvoll, einige Mahlzeiten bereits im Vorfeld zu planen und die dafür benötigten Lebensmittel gezielt einzukaufen. Dies können Sie bei Bedarf in jedem Hafen Ihrer ausgewählten Route erneut machen, entstandene Leerstände füllen und neue, regionale Lebensmittel entdecken.

## Die Lagerung

Manche Lebensmittel sind in ihrem Ursprungszustand länger haltbar als andere. Diese Tatsache können Sie ohne eine haltbarkeitsverlängernde Behandlung nicht ändern. Es ist daher wenig ratsam, Erdbeeren für zwei Wochen einzulagern, wenn diese eine Haltbarkeit von weniger als drei Tagen aufweisen. Damit Sie bereits beim Kauf abschätzen können, wann Sie die jeweiligen Lebensmittel verarbeitet und verzehrt haben müssen, folgt hier eine kleine Übersicht gängiger Nahrungsmittel:

- Weniger als 3 Tage: Erdbeeren, Pflaumen, Salat, Weintrauben, Birnen
- Weniger als 1 Woche: Mango, Ananas, Banane, Paprika, Papaya
- Weniger als 2 Wochen: Gurken, Tomaten, Lauch, Zucchini, Auberginen
- Weniger als 3 Wochen: Möhren, Äpfel, Orangen
- Länger als 3 Wochen: Eier, Kartoffeln, Zwiebeln, Knoblauch, Kohl, Kürbis
- 18 Monate und länger: Konserven wie Mais, Bohnen jeglicher Art, Erbsen, Tomaten (ganz, gehackt, passiert), Kapern und Obst
- Jahre bis hin zu Jahrzehnten: Reis sowie Risotto-Reis, Linsen, Nudeln, Mehl

Abseits von der Haltbarkeit sollten Sie bereits vor dem Einkauf abwägen, wie groß die Lager- und auch Kühlkapazitäten an Bord sind, damit Sie sämtliche Lebensmittel auch fachgerecht verstauen können.

## An Bord

Bei einer längeren Segelreise ist eine Mischung aus Planung und Improvisation der Schlüssel zum kulinarischen Glück. Leckere Rezepte, gepaart mit den richtigen Zutaten sind zwar wünschenswert, jedoch nicht immer die Realität. Daher seien Sie spontan und kreativ. Fehlen die Mandeln, haben Sie kein Paprikapulver mehr an Bord oder sind Ihnen die frischen Kräuter ausgegangen? Dann suchen Sie nach passenden Alternativen, die Sie noch an Bord haben. Statt frischer Kräuter vielleicht getrocknete, statt Paprikapulver vielleicht etwas mehr Pfeffer und Chiliflocken und kann man die Mandeln zur Dekoration notfalls nicht weglassen? Apropos Kräuter: Viele bereits geschnittene, frische Kräuter halten sich auch unter idealen Bedingungen nur wenige Tage. Falls Sie Lust und Platz haben, könnten frische Kräuter im Topf eine Möglichkeit darstellen, jederzeit frische Kräuter an Bord zu haben.

## Nachhaltigkeit

Nicht nur im Alltag, sondern auch im Urlaub und auf Reisen, sollte eine optimale Nutzung und Verarbeitung von Lebensmitteln oberste Priorität haben. Daher ist es sinnvoll, die Nahrungsmittel nicht nur sinnvoll zu planen, sondern auch möglichst schnell zu verarbeiten oder gegebenenfalls länger haltbar zu machen. Obst, das bereits sehr reif ist, kann beispielsweise zu Marmelade eingekocht werden. Gemüse kann roh in Öl eingelegt werden und Butter sowie bestimmte Käsesorte sind durch das Einlegen in Salzlake länger genießbar. Falls Sie angeln waren und mehr Fisch gefangen haben, als Sie gerade benötigen, können Sie den Fisch trocknen oder einfrieren und wenn beim Mittagessen zwei Portionen Chili übrig geblieben sind, haben Sie die Möglichkeit, dieses auf- oder einzukochen. Generell sollte es selbstverständlich sein, so wenig Ressourcen wie möglich zu verschwenden und möglichst nachhaltig zu wirtschaften.

## Das Ende

Nach einer einmaligen Segelreise ist das Abenteuer an Bord zu Ende und somit auch Ihre kulinarische Zeit in der Kombüse vorbei. Lebensmittel, die Sie auf Ihrer Reise nicht benötigt haben, können Sie je nach Haltbarkeit mit von Bord nehmen und bei richtigem Transport und korrekter Lagerung noch über Ihre Reise hinaus verwenden. Des Weiteren kann es helfen, eine kleine Bestandsaufnahme der verbrauchten und nicht verbrauchten Nahrungsmittel zu machen. Diese Aufstellung wird Ihnen bei der Planung Ihrer nächsten Reise von Nutzen sein. Und nun starten Sie Ihre kulinarische Reise und entdecken Sie die einfachen und leckeren Rezepte dieses Buches für Ihre nächste Segelreise.

# Frühstück

# FRUCHTIGER BUCHWEIZEN-PUDDING

4 Port.

8 Std.
10 Min.

Leicht

**Zutaten**

360 g Buchweizen
400 ml Mandelmilch
3 EL Kokosflocken
8 getrocknete Apfelringe
8 frische Erdbeeren
2 Äpfel
1 Vanilleschote
4 TL Kokosraspeln
2 bis 3 TL Zucker
½ TL Zimt
1 Prise Salz

**Nährwerte p. P.**

*411 kcal*
*86 g Kohlenhydrate*
*2 g Fett*
*9 g Eiweiß*

1 Zunächst den Buchweizen in eine Schüssel füllen und mit Wasser aufgießen. Den Buchweizen idealerweise über Nacht, mindestens jedoch für 8 Stunden, quellen lassen. Nach Ablauf der Quellzeit den Buchweizen in ein Sieb abgießen und mit frischem Wasser gründlich durchwaschen. Den Buchweizen abtropfen lassen.

2 In der Zwischenzeit die Äpfel schälen und in feine Stifte schneiden oder hobeln. Nun die Hälfte des Buchweizens in eine Schüssel geben und mit den Apfelstiften vermengen. Danach den restlichen Buchweizen in eine zweite Schüssel füllen und mit der Mandelmilch aufgießen.

3 Im Anschluss die Vanilleschote der Länge nach aufschneiden, das Mark herauskratzen und ebenfalls zum Buchweizen geben. Nun den Zimt, den Zucker, die Apfelringe und eine Prise Salz hinzufügen und alles mithilfe eines Schneebesens zu einem cremigen Pudding aufschlagen.

4 Als Nächstes vier Dessertgläser bereitstellen und den Buchweizen-Apfel-Mix gleichmäßig hineinfüllen. Im Anschluss die Puddingmasse darauf schichten und mit einigen Kokosraspeln toppen. Abschließend noch die Erdbeeren waschen, das Grün entfernen und in Scheiben schneiden. Die Erdbeerscheiben dekorativ auf dem Pudding anrichten und den fertigen Buchweizen-Pudding servieren.

# PFANNENBROT

4 Port.

10 Min.

Leicht

**Zutaten**

300 g Mehl
160 ml Milch
50 ml flüssige Butter
1 EL Öl
1 TL Backpulver
½ TL Zucker
½ TL Salz
Etwas Mehl (für die Arbeitsfläche)
Etwas Fett (für die Pfanne)

**Nährwerte p. P.**

*789 kcal*
*113 g Kohlenhydrate*
*28 g Fett*
*18 g Eiweiß*

1 Zunächst das Mehl in eine Schüssel geben und mit dem Backpulver, dem Zucker und dem Salz vermischen. Danach mit der Butter und der Milch aufgießen und das Öl dazugeben. Mit den Händen zu einem glatten Teig verkneten.

2 Die Arbeitsfläche mit etwas Mehl bestäuben und den fertigen Teig in 4 Portionen aufteilen. Jeden Teigling zu einem Kreis mit ca. 20 cm Durchmesser ausrollen.

3 Als Nächstes etwas Öl in eine Pfanne füllen und erhitzen. Die Teigfladen nacheinander bei mäßiger Hitze für jeweils 2 Minuten pro Seite ausbacken. Das fertige Pfannenbrot nach Belieben warm oder kalt servieren und genießen.

# HIMBEER-JOHANNISBEER-KONFITÜRE

3 Port.

25 Min.

Leicht

**Zutaten**

350 g rote Johannisbeeren
250 g Himbeeren
250 g Gelierzucker (2:1)
25 ml Wasser
1 Päckchen Vanillezucker

**Nährwerte p. Glas**

*456 kcal*
*103 g Kohlenhydrate*
*1 g Fett*
*3 g Eiweiß*

1 Zunächst die Johannisbeeren waschen und die Früchte von den Rispen lösen. Anschließend die Himbeeren waschen und kurz abtropfen lassen. Das vorbereitete Obst nun in einen Topf füllen und mit ca. 25 ml Wasser aufgießen. Bei starker Hitze für ca. 5 Minuten aufkochen lassen und hierbei zwischenzeitlich umrühren.

2 Als Nächstes den Topf von der Herdplatte nehmen und die Früchte mithilfe eines Pürierstabs fein mixen. Das Fruchtmus im Anschluss durch ein feines Sieb streichen und danach zurück in den Topf geben. Nun den Gelierzucker sowie den Vanillezucker hinzufügen und nochmals bei starker Hitze aufkochen lassen. Danach die Hitzezufuhr reduzieren und die Konfitüre für etwa 3 bis 4 Minuten sanft kochen lassen.

3 Nach Ablauf der Kochzeit die fertige Marmelade direkt in Einmachgläser füllen, verschließen und abkühlen lassen.

4 Die Himbeer-Johannis-Konfitüre ist nun für mehrere Wochen haltbar.

# RHABARBER-MARMELADE MIT HIMBEERNOTE

3 Port.

20 Min.

Leicht

**Zutaten**

500 g Rhabarber
150 g Himbeeren
250 g Gelierzucker (2:1)
2 EL Wasser
1 EL Zitronensaft
1 Päckchen Vanillezucker

**Nährwerte p. Glas**

*590 kcal*
*138 g Kohlenhydrate*
*1 g Fett*
*2 g Eiweiß*

1 Zunächst den Rhabarber waschen, schälen und zerkleinern. Danach die Himbeeren waschen und abtropfen lassen. Das vorbereitete Obst in einen Topf füllen und das Wasser sowie den Zitronensaft dazugeben. Bei starker Hitze aufkochen lassen und hierbei zwischenzeitlich umrühren.

2 Nach etwa 3 bis 4 Minuten den Kochtopf vom Herd nehmen und die Früchte mithilfe eines Pürierstabs fein mixen. Im Anschluss den Gelierzucker sowie den Vanillezucker mit in den Topf geben, gründlich einrühren und erneut aufkochen lassen. Anschließend die Hitzezufuhr reduzieren und die Marmelade für etwa 3 bis 4 Minuten leise kochen lassen.

3 Nach Ablauf der Kochzeit die fertige Marmelade direkt in Einmachgläser füllen, verschließen und abkühlen lassen.

4 Die Rhabarber Marmelade mit Himbeernote ist nun für mehrere Wochen haltbar.

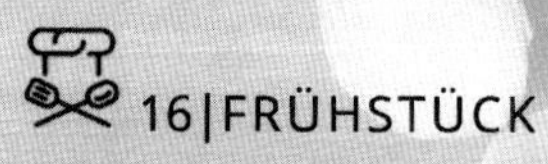

# ZWETSCHGENMUS MIT SCHUSS

3-4 Port.

25 Min.

Leicht

**Zutaten**

600 g Zwetschgen
250 g Gelierzucker (2:1)
25 ml Rum
1 EL Zitronensaft
1 Päckchen Vanillezucker

**Nährwerte p. P.**

*689 kcal*
*156 g Kohlenhydrate*
*1 g Fett*
*2 g Eiweiß*

1 Zunächst die Zwetschgen waschen, abtropfen lassen sowie halbieren und entkernen. Das vorbereitete Obst in einen Topf füllen und den Zitronensaft dazugeben. Bei starker Hitze aufkochen lassen und hierbei zwischenzeitlich umrühren.

2 Nach etwa 3 bis 4 Minuten den Gelierzucker sowie den Vanillezucker mit in den Topf geben, gründlich einrühren und erneut aufkochen lassen. Anschließend die Hitzezufuhr reduzieren und die Marmelade für etwa 3 bis 4 Minuten leise kochen lassen.

3 Nach Ablauf der Kochzeit die Marmelade mithilfe eines Pürierstabs fein mixen und anschließend den Rum unterrühren. Das fertige Zwetschgenmus mit Schuss direkt in Einmachgläser füllen, verschließen und abkühlen lassen. Die Marmelade ist nun für mehrere Wochen haltbar.

# KLASSISCHE PANCAKES

2 Port. (10 Pancakes)

10 Min.

Leicht

**Zutaten**

250 g Mehl
2 EL Zucker
2 TL Backpulver
2 Eier
200 ml Milch
1 Prise Salz
Etwas Öl
Etwas Ahornsirup und frische Beeren (nach Wahl, als Topping)

**Nährwerte p. P.**

*604 kcal*
*110 g Kohlenhydrate*
*8 g Fett*
*21 g Eiweiß*

1 Zunächst das Mehl in eine Schüssel füllen und anschließend den Zucker, das Backpulver und eine Prise Salz hinzufügen. Alles miteinander vermischen und danach die Milch und die Eier dazugeben. Die Zutaten nun mithilfe eines Schneebesens zu einem glatten Teig rühren.

2 Als Nächstes etwas Öl in eine beschichtete Pfanne geben und heiß werden lassen. Je 2 EL Teig in die Pfanne geben und die Pancakes portionsweise im heißen Öl ausbacken. Nach etwa 2 bis 3 Minuten wenden und nochmals für 2 bis 3 Minuten ausbacken.

3 Jeweils 5 Pancakes aufeinanderstapeln, mit etwas Ahornsirup beträufeln und mit einigen frischen Beeren toppen. Direkt servieren und genießen.

# BRÖTCHEN AUS DER PFANNE

 3 Port.

 10 Min.

 Leicht

**Zutaten**

50 g Magerquark
35 g Haferkleie
20 g Vollkornmehl
1 TL Backpulver
1 Ei
1 Prise Salz
Etwas Öl

**Nährwerte p. Brötchen**

*106 kcal*
*11 g Kohlenhydrate*
*4 g Fett*
*7 g Eiweiß*

1 Zunächst den Quark in eine Schüssel geben und das Ei hinzufügen. Gründlich miteinander verrühren, sodass eine cremige Masse entsteht. Nun das Mehl, die Haferkleie, das Backpulver und eine Prise Salz dazugeben und mithilfe eines Schneebesens gründlich verquirlen.

2 Als Nächstes etwas Öl in eine Pfanne füllen und erhitzen. Den Teig in drei Portionen in die Pfanne geben und bei mäßiger Hitzezufuhr für ca. 4 bis 5 Minuten ausbacken. Nun die Brötchen wenden und nochmals für etwa 4 bis 5 Minuten backen.

3 Die fertigen Brötchen aus der Pfanne nehmen und wahlweise warm oder kalt servieren.

# OVERNIGHT OATS

2 Port.

12 Std.
15 Min.

Leicht

**Zutaten**

150 g Erdbeeren
125 g Himbeeren
100 g Haferflocken
300 ml Milch
2 EL gehackte Nüsse (nach Wahl)
1 EL geschrotete Leinsamen
1 Päckchen Vanillezucker

**Nährwerte p. P.**

*418 kcal*
*52 g Kohlenhydrate*
*14 g Fett*
*16 g Eiweiß*

1 Zunächst die Haferflocken gleichmäßig auf zwei Gläser verteilen und mit den geschroteten Leinsamen vermischen. Anschließend mit je 150 ml Milch aufgießen

2 Nach Ablauf der Quellzeit die Haferflocken aus dem Kühlschrank nehmen. Danach die Erdbeeren waschen, das Grün entfernen und in Viertel zerteilen sowie die Himbeeren waschen und abtropfen lassen.

3 Das vorbereitete Obst nun zu gleichen Teilen auf die Gläser verteilen und mit den gehackten Nüssen toppen. Die fertigen Overnight Oats direkt servieren und genießen.

# HIRSEBREI MIT APFEL-AHORNSIRUP-TOPPING

2 Port.

30 Min.

Leicht

**Zutaten**

100 g Hirse
300 ml Haferdrink
1 Apfel
1 Banane
2 EL Mandelkerne
1 EL Ahornsirup
2 TL Zimt
2 TL Kokosöl

**Nährwerte p. P.**

*416 kcal*
*70 g Kohlenhydrate*
*10 g Fett*
*9 g Eiweiß*

1 Zunächst die Hirse in ein Sieb füllen und mit Wasser gründlich durchwaschen. Anschließend kurz abtropfen lassen und dann die Hirse in einen Topf umfüllen. Nun den Haferdrink in den Topf gießen und unter Rühren aufkochen lassen. Danach die Hitzezufuhr reduzieren und die Hirse für ca. 15 bis 20 Minuten leise köcheln lassen. Hierbei zwischendurch umrühren, damit nichts ansetzt.

2 In der Zwischenzeit den Apfel waschen, das Kerngehäuse heraustrennen und in schmale Streifen schneiden. Danach die Banane schälen und in Scheiben aufschneiden. Abschließend die Mandelkerne hacken und in eine Pfanne ohne Zugabe von Fett für etwa 2 bis 3 Minuten anrösten.

3 Als Nächstes die Mandelkerne aus der Pfanne nehmen und beiseitestellen. Nun das Kokosöl in die heiße Pfanne füllen und die Apfelstreifen bei mäßiger Hitze für ca. 4 Minuten rundum andünsten. Danach die Bananen mit in die Pfanne füllen und ebenfalls kurz mit anschwitzen. Währenddessen mit 1 TL Zimt bestäuben.

4 Zum Schluss den Ahornsirup sowie den restlichen Zimt zur gekochten Hirse geben. Die Hälfte des Apfel-Bananen-Mix hinzufügen und alles gut miteinander verrühren. Den fertigen Hirsebrei gleichmäßig auf zwei Schälchen aufteilen, mit dem restlichen Apfel-Bananen-Mix toppen sowie mit den gehackten Mandelkernen garnieren. Noch warm servieren und genießen.

# FRÜHSTÜCKSPUDDING MIT LEINSAMEN

4 Port.

4 Std.
15 Min.

Leicht

**Zutaten**

250 g frische Blaubeeren
150 g Haferflocken
80 g geschrotete Leinsamen
600 ml Milch
2 Äpfel
2 Bananen
2 EL Agavendicksaft +
2 TL (zum Garnieren)
2 TL Zitronensaft
1 Prise Zimt

**Nährwerte p. P.**

*442 kcal*
*61 g Kohlenhydrate*
*12 g Fett*
*15 g Eiweiß*

1 Zunächst die geschroteten Leinsamen zusammen mit den Haferflocken in eine Schüssel füllen und mit der Milch aufgießen. Gründlich umrühren und anschließend für ca. 4 Stunden im Kühlschrank quellen lassen.

2 In der Zwischenzeit die Äpfel waschen, halbieren und die Kerngehäuse heraustrennen. Anschließend eine der vier Hälften in sehr schmale Scheiben schneiden. Die Apfelscheiben mit dem Zitronensaft beträufeln und beiseitestellen. Die restlichen Apfelhälften mithilfe einer Reibe fein raspeln und in eine Schüssel füllen. Mit 2 EL Agavendicksaft beträufeln und ausgiebig vermengen. Im Anschluss die gesüßten Apfelraspel zum Leinsamen-Haferflocken-Pudding geben und gründlich unterrühren.

3 Als Nächstes die Bananen schälen und in Scheiben zerteilen sowie die Blaubeeren waschen und abtropfen lassen. Zum Schluss den fertigen Frühstückspudding auf vier kleine Schüsseln verteilen, mit den Apfelscheiben und den Bananenscheiben toppen und mit den Blaubeeren dekorieren. Mit dem restlichen Agavendicksaft garnieren und mit etwas Zimt bestreuen. Direkt servieren und genießen.

# FRÜHSTÜCKSDRINK

4 Port. 15 Min. Leicht

**Zutaten**

600 g gemischte Beeren nach Wahl
100 g Haferflocken +
1 EL (zum Dekorieren)
800 ml Milch
4 Bananen
1 Zitrone

**Nährwerte p. P.**

*320 kcal*
*51 g Kohlenhydrate*
*6 g Fett*
*13 g Eiweiß*

1 Zunächst die Zitrone halbieren, den Saft auspressen und auffangen. Danach die Bananen schälen und in Stücke schneiden.

2 Nun die Beeren in ein hohes Gefäß geben, die Bananen und die Haferflocken dazugeben und mit dem Zitronensaft sowie der Milch aufgießen. Mithilfe eines Pürierstabs für etwa 2 bis 3 Minuten gründlich mixen.

3 Den fertigen Frühstücksdrink in vier Gläser gießen, mit einigen Haferflocken bestreuen und direkt servieren.

# SÜẞES OMELETT

2 Port. 25 Min. Leicht

**Zutaten**

70 g Mehl
50 g Zucker
30 ml Milch
3 Eier
1 Prise Salz
Etwas Öl
Etwas Puderzucker
Füllung nach Wahl, wie beispielsweise Sahne, frische Früchte, Schokostreusel etc.

**Nährwerte p. P.**

*303 kcal*
*67 g Kohlenhydrate*
*1 g Fett*
*5 g Eiweiß*

1 Zunächst die Eier trennen und die Eiweiße zu Schnee aufschlagen. Den Eischnee im Kühlschrank kaltstellen und währenddessen die Eigelbe mit Zucker und Salz zu einer cremigen Masse verrühren. Anschließend zunächst die Milch hinzufügen und unterrühren und danach das Mehl einrieseln lassen und untermischen. Zum Schluss den Eischnee aus dem Kühlschrank nehmen und vorsichtig unter die Eigelb-Creme heben.

2 Als Nächstes etwas Öl in eine beschichtete Pfanne geben, erhitzen und dann ca. ¼ des Teiges in die Pfanne geben. Nun das Omelett bei mäßiger Hitze für ca. 3 Minuten pro Seite ausbacken. Das fertige Omelett aus der Pfanne nehmen und sofort zur Hälfte einklappen.

3 Auf diese Weise den restlichen Teig verarbeiten, sodass vier Omeletts entstehen. Die fertigen Omeletts nach Belieben mit Sahne, Obst, Soßen etc. befüllen, mit etwas Puderzucker bestäuben und noch warm servieren.

# HERZHAFTES OMELETT

2 Port.

10 Min.

Leicht

**Zutaten**

6 Eier
100 g Kirschtomaten
Etwas frische Petersilie
Etwas Öl
Paprikapulver, edelsüß
Salz, Pfeffer

**Nährwerte p. P.**

*89 kcal*
*16 g Kohlenhydrate*
*1 g Fett*
*4 g Eiweiß*

1 Zunächst die Tomaten waschen und halbieren sowie die Petersilie waschen, trocken tupfen und fein hacken. Anschließend die Eier in eine Schüssel aufschlagen und mit einer Gabel verquirlen. Die Tomaten und die Petersilie hinzufügen und die Ei-Masse mit etwas Paprikapulver, Salz und Pfeffer abschmecken.

2 Als Nächstes etwas Öl in eine Pfanne geben, erhitzen und die Ei-Masse hineingeben. Bei mäßiger Hitze und bei geschlossenem Deckel für ca. 4 bis 5 Minuten ausbacken. Das fertige Omelett aus der Pfanne nehmen, in zwei Hälften zerteilen und noch heiß servieren.

# Suppen & Eintöpfe

# KARTOFFEL-POTT

6 Port.

45 Min.

Leicht

**Zutaten**

1 kg Kartoffeln
400 g Cabanossi
2 Lorbeerblätter
2 Zwiebeln
1 Bund Suppengrün
½ Bund frische Petersilie
1 ½ l Gemüsebrühe
2 EL Butter
Etwas Muskat
Salz, Pfeffer

**Nährwerte p. P.**

*461 kcal*
*24g Kohlenhydrate*
*33 g Fett*
*14 g Eiweiß*

1 Zunächst die Zwiebeln schälen und fein hacken. Anschließend das Suppengrün putzen und in ca. 1 bis 2 cm große Stücke zerteilen. Nun die Kartoffeln schälen und ebenfalls klein schneiden.

2 Als Nächstes die Butter in einen Topf geben, heiß werden lassen und die Zwiebelwürfel zusammen mit den Kartoffeln und dem Suppengrün darin glasig anschwitzen. Währenddessen mit Salz und Pfeffer bestreuen sowie die Lorbeerblätter hinzufügen. Nach ca. 4 bis 5 Minuten das Gemüse mit der Brühe aufgießen, den Topf mit einem Deckel abdecken und bei mäßiger Hitze für ca. 20 Minuten sanft köcheln lassen.

3 In der Zwischenzeit die Cabanossi schräg in 0,5 cm dicke Scheiben aufschneiden und die Petersilie waschen, trocken tupfen und hacken.

4 Nach Ende der Garzeit ca. 1/3 des Gemüses aus dem Topf nehmen und beiseitestellen. Nun den restlichen Eintopf mithilfe eines Pürierstabs für ca. 1 Minute grob anmixen. Anschließend die Cabanossischeiben dazugeben und nochmals für ca. 10 Minuten bei geschlossenem Deckel köcheln lassen.

5 Nach Ablauf der Kochzeit die Gemüseeinlage wieder in den Topf füllen, einrühren und abschließend mit Muskat, Salz und Pfeffer abschmecken. Den fertigen Kartoffel-Pott mit der Petersilie bestreuen und noch heiß servieren.

# HACKBÄLLCHEN-TOPF

3 Port.

45 Min.

Leicht

**Zutaten**

500 g Kartoffeln
350 g Kohlrabi
300 g Möhren
250 g gewürztes Hackfleisch
1 ¼ l Gemüsebrühe
3 EL Semmelbrösel
1 Eigelb
1 Lorbeerblatt
½ Bund frischen Schnittlauch
Salz, Pfeffer

**Nährwerte p. P.**

*457 kcal*
*37 g Kohlenhydrate*
*21 g Fett*
*23 g Eiweiß*

1 Zunächst das Hackfleisch in eine Schüssel geben, das Eigelb dazugeben und zusammen mit den Semmelbröseln zu einer formbaren Masse verkneten. Aus der Masse nun ca. 4 cm große Bällchen rollen und diese beiseitestellen.

2 Als Nächstes die Kartoffeln schälen, waschen und in mundgerechte Stücke zerteilen. Anschließend den Kohlrabi schälen und klein würfeln sowie die Möhren schälen und schmale Scheiben schneiden.

3 Im Anschluss die Gemüsebrühe in einen großen Topf füllen, das Lorbeerblatt hinzugeben und bei hoher Hitzezufuhr aufkochen lassen. Sobald die Brühe kocht, die Kartoffeln hineingeben und bei reduzierter Hitzezufuhr für etwa 5 Minuten sanft köcheln lassen. Nun die Möhren sowie den Kohlrabi mit in den Topf geben und bei erhöhter Hitze nochmals aufkochen lassen. Im Anschluss die vorbereiteten Hackbällchen in die Brühe geben und bei schwacher Hitzezufuhr für ca. 10 bis 12 Minuten garen.

4 In der Zwischenzeit den Schnittlauch waschen und in schmale Röllchen aufschneiden.

5 Den fertigen Hackbällchen-Topf mit Salz und Pfeffer würzen, den Schnittlauch darüber geben und heiß genießen.

# BUNTE NUDELSUPPE

 4 Port.
 30 Min.
 Leicht

**Zutaten**

1 ½ l Gemüsebrühe
2 EL Öl
100 g Nudeln
4 Tomaten
2 Möhren
1 Zucchini
1 gelbe Paprika
1 Zwiebel
Etwas frischen Schnittlauch
Etwas frische Petersilie
Salz, Pfeffer

**Nährwerte p. P.**

*240 kcal*
*30 g Kohlenhydrate*
*9 g Fett*
*8 g Eiweiß*

1 Zunächst das Öl in einen Topf geben und heiß werden lassen. In der Zwischenzeit die Schale von der Zwiebel entfernen und diese fein hacken. Die Zwiebelwürfel nun in das heiße Öl geben und für ca. 2 bis 3 Minuten andünsten. Im Anschluss mit der Brühe ablöschen und bei mäßiger Hitzezufuhr aufkochen lassen.

2 Währenddessen die Möhren schälen und in dünne Scheiben schneiden sowie die Zucchini waschen und in schmale Stifte zerteilen. Abschließend noch die Paprika halbieren, das Kerngehäuse entfernen und in mundgerechte Stücke schneiden sowie die Tomaten waschen, die Stielansätze heraustrennen und das Fruchtfleisch grob zerhacken. Sobald die Brühe aufkocht, die Möhren mit in den Topf geben und für ca. 2 bis 3 Minuten mitgaren.

3 Anschließend die Nudeln und die Zucchini hinzufügen, einrühren und für weitere 2 bis 3 Minuten kochen lassen. Im Anschluss die Tomaten und die Paprikastückchen dazugeben, vorsichtig einrühren und für weitere 5 bis 6 Minuten sanft köcheln lassen. In der Zwischenzeit die Petersilie und den Schnittlauch waschen und beides grob hacken.

4 Die fertige Bunte Nudelsuppe mit Salz und Pfeffer abschmecken und mit den frischen Kräutern toppen. Direkt servieren und heiß genießen.

# BROKKOLISÜPPCHEN

4 Port. 45 Min. Leicht

**Zutaten**

500 g Brokkoli
2 bis 3 Kartoffeln
1 l Gemüsebrühe
100 ml Sahne
Salz, Pfeffer

**Nährwerte p. P.**

*147 kcal*
*15 g Kohlenhydrate*
*7g Fett*
*7 g Eiweiß*

1 Zunächst die Kartoffeln schälen und in kleine Würfel schneiden. Anschließend den Brokkoli waschen und in Röschen zerteilen. Die vorbereiteten Kartoffeln zusammen mit dem Brokkoli in einen Topf geben, mit der Gemüsebrühe aufgießen und bei hoher Hitzezufuhr für ca. 20 Minuten garen.

2 Nach Ende der Kochzeit den Topf von der Herdplatte nehmen und das Gemüse mithilfe eines Pürierstabs fein mixen. Danach den Topf zurück auf den Herd stellen, bei mäßiger Hitze erneut heiß werden lassen und abschließend mit Salz und Pfeffer würzen.

3 Kurz vor dem Servieren die Sahne dazugießen und unterrühren. Nun das fertige Brokkolisüppchen servieren und noch heiß genießen.

# FISCHSÜPPCHEN

4 Port. 1 Std. Leicht

**Zutaten**

400 g Fisch (nach Wahl: beispielsweise Lachs oder Rotbarsch)
100 g rote Paprika
100 g rote Zwiebeln
100 g Möhren
100 g Garnelenschwänze
50 g Staudensellerie
50 g Fenchel
15 g Tomatenmark
800 ml Fischfond
200 ml trockener Weißwein
100 ml Olivenöl + 2 EL
10 Cocktailtomaten
2 Knoblauchzehen
Etwas frisches Basilikum
Salz, Pfeffer

**Nährwerte p. P.**

*604 kcal*
*17 g Kohlenhydrate*
*36 g Fett*
*46 g Eiweiß*

1 Zunächst den Knoblauch schälen und fein hacken sowie die Zwiebeln schälen, halbieren und in Halbringe zerteilen. Anschließend die Paprika waschen, das Kerngehäuse entfernen und in schmale Spalten schneiden. Danach die Möhren schälen und in Scheiben schneiden sowie den Sellerie putzen und würfeln. Zum Schluss noch den Fenchel putzen und in Streifen schneiden.

2 Als Nächstes 100 ml Öl in einen großen Topf geben und den Knoblauch zusammen mit den Zwiebeln bei mäßiger Hitze für etwa 1 bis 2 Minuten darin anschwitzen. Im Anschluss das restliche vorbereitete Gemüse hinzugeben und mit anbraten. Nach 3 bis 4 Minuten das Tomatenmark in die Pfanne füllen, kurz anrösten und dann mit dem Weißwein sowie dem Fischfond aufgießen. Bei mäßiger Hitze für etwa 10 bis 12 Minuten sanft köchelnd garen.

3 In der Zwischenzeit das Fischfilet unter fließendem Wasser abspülen, mit einem Küchenpapier trocken tupfen und in mundgerechte Stücke zerteilen.

4 Nach Ablauf der Garzeit die Fischstückchen zur Suppe geben, vorsichtig einrühren und für ca. 4 bis 5 Minuten erhitzen. Währenddessen das restliche Öl in eine Pfanne geben, heiß werden lassen und die Tomaten bei mäßiger Hitze für ca. 2 bis 3 Minuten darin anbraten. Danach das Basilikum waschen, trocken tupfen und die Blätter von den Stielen zupfen.

5 Das fertige Fischsüppchen nun mit Salz und Pfeffer abschmecken, auf vier Tellern anrichten. Abschließend die Tomaten hinzufügen und mit einigen Basilikumblättchen toppen. Direkt servieren und heiß genießen.

# Salate

# THUNFISCH-AVOCADO-SALAT

 4 Port.
 15 Min.
 Leicht

**Zutaten**

150 g Salatgurke
1 kleine Zwiebel
1 hartgekochtes Ei
1 Avocado
½ Dose Thunfisch (im eigenen Saft)
2 EL Zitronensaft
1 EL Olivenöl
1 Schuss Balsamico
Salz, Pfeffer

**Nährwerte p. P.**

*664 kcal*
*12 g Kohlenhydrate*
*57 g Fett*
*26 g Eiweiß*

1 Zunächst die Gurke und die Zwiebel schälen und jeweils in sehr dünne Scheiben schneiden. Anschließend das Ei pellen und ebenfalls in schmale Scheiben zerteilen. Alle Zutaten in eine große Schüssel geben und vorsichtig vermengen.

2 Nun die Avocado aufschneiden, den Kern herausheben, das Fruchtfleisch aus der Schale löffeln und in kleine Stücke schneiden. Nun die Avocadowürfel sowie den Thunfisch ebenfalls in die Schüssel geben und unterheben.

3 Als Nächstes das Olivenöl, den Zitronensaft und einen Schuss Balsamico über den Salat geben, vorsichtig aber gründlich umrühren und für ca. 5 Minuten ziehen lassen.

4 Den fertigen Thunfisch-Avocado-Salat mit Salz und Pfeffer abschmecken und direkt servieren.

# FISCH-SALAT MIT MELONE UND FETA

4 Port.

20 Min.

Leicht

**Zutaten**

**Für den Fisch:**
400 g Fischfilet
1 Ei
2 EL Petersilie
2 EL Maismehl
1 EL Butter
1 Prise Paprikapulver, edelsüß

**Für den Salat:**
50 g Feta
2 Salatherzen
½ Charentais-Melone
2 EL gehackten Schnittlauch

**Für das Dressing:**
100 g Himbeeren
3 EL Wasser
3 EL Himbeeressig
3 EL Walnussöl
1 Msp. Paprikapulver, edelsüß
Salz, Pfeffer

**Nährwerte p. P.**

*339 kcal*
*13 g Kohlenhydrate*
*22 g Fett*
*20 g Eiweiß*

1 Zunächst die Salatherzen waschen und die Blätter in dünne Streifen schneiden. Gleichmäßig auf vier Teller verteilen und mit einigen Schnittlauchröllchen toppen. Danach die Melone von der Schale lösen und in mundgerechte Stücke würfeln.

2 Als Nächstes die Himbeeren waschen, abtropfen lassen und in ein Gefäß geben. Das Walnussöl, das Wasser und den Himbeeressig dazugießen, mit Paprikapulver sowie Salz und Pfeffer würzen und mithilfe eines Pürierstabs kurz aufmixen. Das fertige Dressing zu gleichen Teilen über den Salat geben und anschließend die Melonenwürfel darüber geben.

3 Nun das Fischfilet unter fließendem Wasser abspülen, mit einem Küchenpapier trocken tupfen und anschließend in ca. 2 bis 3 cm große Stücke schneiden. Das Ei in einen tiefen Teller aufschlagen, mit einer Gabel verquirlen und den Fisch darin wenden. Anschließend den marinierten Fisch von beiden Seiten mit Maismehl, Paprikapulver und Petersilie bestreuen.

4 Als Nächstes die Butter in eine große Pfanne geben, heiß werden lassen und den Fisch bei mäßiger Hitze für ca. 2 bis 3 Minuten pro Seite darin ausbacken. Die heißen Fischstückchen auf den Salat betten und den Feta grob darüber bröseln.

5 Den fertigen Fischsalat mit Melone und Feta direkt servieren und sofort genießen.

# RÄUCHERLACHS-SALAT

4 Port.

30 Min.

Leicht

**Zutaten**

300 g Kirschtomaten
250 g Heidelbeeren
200 g Salatgurke
150 g Räucherlachs
1 Radicchio
1 Fenchel
1 Friséesalat
½ Zitrone
30 ml Rapsöl
2 EL Olivenöl
1 EL gehackte Petersilie
Etwas Ahornsirup

**Nährwerte p. P.**

*277 kcal*
*18 g Kohlenhydrate*
*18 g Fett*
*11 g Eiweiß*

1 Zunächst den Fenchel waschen, in zwei Hälften schneiden und anschließend in schmale Streifen zerteilen. Danach das Olivenöl in eine große Pfanne geben, heiß werden lassen und die Fenchelstreifen bei mäßiger Hitze für ca. 5 Minuten darin andünsten. Anschließend den Fenchel aus der Pfanne nehmen, beiseitestellen und etwas abkühlen lassen.

2 Währenddessen den Friséesalat und den Radicchio waschen und letzteres ebenfalls in Streifen schneiden. Danach die Tomaten waschen, die Stielansätze entfernen und in zwei Hälften zerteilen. Nun noch die Gurke waschen, der Länge nach aufschneiden und im Anschluss in Scheiben schneiden. Abschließend noch die Heidelbeeren abspülen und abtropfen lassen sowie den Räucherlachs klein zupfen.

3 Alle vorbereiteten Zutaten nun in eine große Schüssel geben und vorsichtig miteinander vermengen. Als Nächstes das Rapsöl in ein Gefäß geben, den Zitronensaft hinzufügen und mit dem Ahornsirup süßen. Gründlich miteinander verquirlen und dann über den Salat träufeln. Den fertigen Räucherlachs-Salat mit etwas gehackter Petersilie toppen und direkt servieren.

# GARNELEN-SALAT

4 Port.

40 Min.

Leicht

## Zutaten

**Für den Salat:**
250 g Romanasalat
150 g Salatgurke
125 g Mini-Mozzarella-Kügelchen
120 g gelbe Paprika
120 g Cocktailtomaten

**Für das Dressing:**
40 g Zwiebeln
3 EL Gemüsebrühe
2 EL Weißweinessig
1 EL Olivenöl
1 EL Zitronenöl
1 EL gehackte Petersilie
Salz, Pfeffer

**Für die Garnelen:**
200 g Garnelen
1 Knoblauchzehe
1 EL gehackte Petersilie
1 EL Olivenöl
Salz, Pfeffer

## Nährwerte p. P.

*274 kcal*
*8 g Kohlenhydrate*
*19 g Fett*
*17 g Eiweiß*

1 Zunächst die Mozzarella-Bällchen in ein Sieb abgießen und abtropfen lassen. Anschließend die Paprika zerteilen, das Kerngehäuse entfernen und in schmale Stifte schneiden. Nun den Salat waschen und in mundgerechte Stücke zerschneiden sowie die Gurke waschen, die Enden abtrennen und den Rest in dünne Scheiben aufschneiden. Zum Abschluss die Tomaten waschen, die Stielansätze entfernen und in Viertel zerteilen. Alle Zutaten in eine große Schüssel geben und beiseitestellen.

2 Als Nächstes das Dressing zubereiten. Hierfür den Essig in ein Gefäß geben und die Gemüsebrühe hinzufügen. Mit Salz und Pfeffer würzen und anschließend gründlich verquirlen. Erst danach das Olivenöl und das Zitronenöl hinzugeben und beides unterrühren. Nun die Schale der Zwiebel entfernen und in Viertel zerteilen. Die Viertel in schmale Streifen schneiden und zusammen mit der gehackten Petersilie zum Dressing geben. Das fertige Dressing über den Salat geben, die Mozzarella-Bällchen hinzufügen und vorsichtig miteinander vermengen.

3 Nun die Schale der Garnelen entfernen, gründlich unter fließendem Wasser abspülen und ausgiebig abtropfen lassen. Danach den Knoblauch schälen und sehr fein hacken. Das Öl in eine Pfanne geben, heiß werden lassen und den Knoblauch für etwa 1 bis 2 Minuten darin andünsten. Im Anschluss die Garnelen dazugeben und für ca. 2 Minuten je Seite anbraten. Währenddessen mit der gehackten Petersilie bestreuen sowie mit Salz und Pfeffer würzen.

4 Zum Abschluss den Salat auf vier Tellern anrichten, gleichmäßig mit den Garnelen toppen und direkt servieren und genießen.

# ROTE BETE-MIX

4 Port.

2 Std.
10 Min.

Leicht

**Zutaten**

800 g Rote Bete
200 g Feta
80 g Zwiebeln
1 Knoblauchzehe
80 ml Rote Bete Saft
4 EL Olivenöl
3 EL Essig
2 EL gehackte Petersilie
1 EL Zitronensaft
1 Msp. Rohzucker
Salz, Pfeffer

**Nährwerte p. P.**

*381 kcal*
*21 g Kohlenhydrate*
*27 g Fett*
*12 g Eiweiß*

1 Zunächst vorsichtig die Blätter, Stiele und Wurzeln der Roten Bete entfernen und beiseite legen. Dabei darauf achten, die Knolle an sich nicht einzuschneiden. Nun die Rote Bete in einen großen Topf legen, mit Wasser auffüllen und bei hoher Hitzezufuhr für ca. 45 Minuten kochen.

2 In der Zwischenzeit einen Topf mit Wasser befüllen und aufkochen lassen. Währenddessen die Stiele und Blätter der Roten Beete in ca. 3 cm lange Stücke zerteilen und für ca. 2 bis 3 Minuten in das kochende Wasser geben. Im Anschluss direkt mit kaltem Wasser abschrecken und gut abtropfen lassen.

3 Als Nächstes den Essig in eine Schüssel geben und den Rote Bete Saft dazugießen. Gründlich miteinander vermischen und anschließend den Zitronensaft hinzufügen und mit Zucker, Salz und Pfeffer würzen. Nochmals gründlich verrühren und erst danach das Öl einlaufen lassen und untermischen.

4 Abschließend den Knoblauch und die Zwiebel schälen und beides sehr fein hacken. Danach die Petersilie waschen, trocken tupfen und ebenfalls hacken. Alles zu dem Dressing in die Schüssel geben und gut unterrühren.

5 Nach Ablauf der Kochzeit die Knollen abgießen und mit kaltem Wasser abschrecken. Die Knollen schälen und in gleichmäßige Scheiben schneiden. Die Scheiben anschließend in eine große Schale geben, die vorbereiteten Stiele und Blätterstreifen hinzufügen und zum Abschluss mit dem Dressing beträufeln. Ausgiebig vermengen und für ca. 1 Stunde im Kühlschrank durchziehen lassen.

6 Den fertigen Rote Bete-Mix aus dem Kühlschrank nehmen und nochmals umrühren. Danach den Feta grob über den Salat bröseln und direkt servieren und genießen.

# BLATTSALAT MIT HÄHNCHEN

4 Port.

45 Min.

Leicht

**Zutaten**

250 g Hähnchenbrustfilet
250 g Blattsalat
80 g luftgetrockneten Schinken (in Scheiben)
60 g Frischkäse Natur
50 g Zwiebeln
30 g Pinienkerne
4 EL Kräuter (nach Wahl)
4 EL Olivenöl
2 EL weißen Weinessig
1 EL gemischte Kräuter
Salz, Pfeffer

**Nährwerte p. P.**

*372 kcal*
*4 g Kohlenhydrate*
*29 g Fett*
*25 g Eiweiß*

1 Zunächst das Hähnchenfleisch unter fließendem Wasser kurz abspülen und mit einem Küchenpapier trocken tupfen. Danach mithilfe eines scharfen Messers der Länge nach aufschneiden, sodass eine Art Tasche entsteht.

2 Als Nächstes die Füllung für das Hähnchen zubereiten. Hierfür den Frischkäse in eine Schüssel füllen, mit 1 EL gemischten Kräutern verrühren sowie mit Salz und Pfeffer abschmecken. Die fertige Füllung in die Tasche des Hähnchenfleisches streichen und anschließend das Fleisch gut zusammen drücken. Abschließend das geschlossene Hähnchenbrustfilet mit Salz und Pfeffer bestreuen.

3 Nun den Schinken leicht überlappend auf einer Arbeitsfläche auslegen, die gefüllte Hähnchentasche darauf legen und fest mit dem Schinken einwickeln.

4 Danach das Öl in eine Pfanne füllen, heiß werden lassen und das Hähnchenbrustfilet bei mäßiger Hitze für ca. 5 bis 7 Minuten pro Seite braten. Nach Ablauf der Garzeit das Fleisch aus der Pfanne nehmen, in Alufolie einrollen und darin langsam etwas abkühlen.

5 In der Zwischenzeit den Salat zubereiten. Hierfür den Blattsalat waschen, trocken tupfen und klein schneiden. Anschließend die Zwiebel schälen und in Ringe aufschneiden. Nun die Vinaigrette zubereiten. Hierfür die Pinienkerne in eine Pfanne füllen und bei mäßiger Hitze und ohne Zugabe von Fett goldbraun anrösten. Als Nächstes den Essig mit 4 EL Kräutern vermischen sowie das Öl einrühren. Abschließend mit Salz und Pfeffer würzen und die Pinienkerne dazugeben.

6 Nun den Salat sowie die Zwiebelringe gleichmäßig auf vier Teller verteilen und die gefüllte Hähnchenbrust aufschneiden und darauf legen. Mit der Vinaigrette beträufeln und den fertigen Blattsalat mit Hähnchen direkt servieren und genießen.

# SALAT MEXICO

 4 Port.

 25 Min.

 Leicht

**Zutaten**

**Für den Salat:**
400 g schwarze Bohnen (aus der Dose)
300 g Mais
100 g Crème fraîche
3 Frühlingszwiebeln
3 Tomaten
2 Paprikas (1 rote, 1 gelbe)
1 Avocado
½ Bund glatte Petersilie
½ Bund Koriander

**Für das Dressing:**
2 Limetten
1 Chilischote
1 Knoblauchzehe
4 EL Olivenöl
1 EL Agavendicksaft
½ TL Kreuzkümmel
Salz, Pfeffer

**Nährwerte p. P.**

*370 kcal*
*25 g Kohlenhydrate*
*25 g Fett*
*8 g Eiweiß*

1 Zunächst die Tomaten waschen, die Stielansätze entfernen und grob hacken. Anschließend die Paprikas waschen, das Kerngehäuse entfernen und in mundgerechte Stücke schneiden. Danach die Frühlingszwiebeln putzen, die Enden abtrennen und in Ringe schneiden sowie die Chilischote der Länge nach aufschneiden, die Kerne herauskratzen und in Streifen schneiden.

2 Nun die Petersilie und den Koriander waschen, trocken tupfen und die Blättchen abzupfen sowie den Mais und die Bohnen in ein Sieb geben, durchspülen und abtropfen lassen. Als Nächstes die Limetten halbieren und den Saft auspressen und auffangen sowie den Knoblauch schälen und sehr fein hacken. Zum Schluss noch die Avocado in zwei Hälften schneiden, den Kern entfernen und das Fruchtfleisch herauslöffeln und würfeln.

3 Im Anschluss den Limettensaft in ein Gefäß geben, den Agavendicksaft und das Öl hinzufügen und gründlich einrühren. Danach den Knoblauch dazugeben und mit Salz, Pfeffer und Kreuzkümmel würzen. Alles gründlich umrühren und für einige Minuten ziehen lassen.

4 In der Zwischenzeit die Bohnen und den Mais in eine große Schüssel geben und die Paprikas sowie die Tomaten, die Frühlingszwiebeln und die Avocado hinzufügen. Die Petersilie und den Koriander dazugeben, mit den Chilistreifen bestreuen und mit dem vorbereiteten Dressing übergießen. Alles miteinander vermengen und im Anschluss auf vier Tellern anrichten. Jede Portion mit 1 bis 2 EL Crème fraîche toppen und den fertigen Salat Mexico servieren und genießen.

# APFEL-KOHLRABI-MIX

4 Port.

15 Min.

Leicht

**Zutaten**

800 g Kohlrabi
2 Äpfel
1 Zwiebel
1 Zitrone
½ Bund frische Petersilie
½ Becher Sauerrahm
1 EL Honig
Salz, Pfeffer

**Nährwerte p. P.**

*172 kcal*
*25 g Kohlenhydrate*
*6 g Fett*
*5 g Eiweiß*

1 Zunächst den Kohlrabi und die Äpfel schälen und beides mithilfe einer Reibe fein raspeln oder wahlweise sehr fein hacken. Anschließend die Zwiebel schälen und ebenfalls klein würfeln. Zum Schluss noch die Petersilie waschen, trocken tupfen und fein hacken sowie die Zitrone halbieren und den Saft herauspressen.

2 Als Nächstes den Zitronensaft in ein Gefäß gießen, mit dem Honig und dem Sauerrahm verquirlen sowie mit Salz und Pfeffer würzen.

3 Zum Abschluss das Dressing über den Kohlrabi-Apfel-Mix geben, gründlich vermengen und im Anschluss den fertigen Apfel-Kohlrabi-Mix servieren.

# Hauptspeisen mit Fisch

# ONE-POT-PAELLA

 4 Port.

 50 Min.

 Mittel

**Zutaten**

250 g Zucchini
150 g Kartoffeln
150 g Risotto-Reis
100 g Erbsen
8 Garnelen (geschält, ohne Kopf)
4 Hähnchenunterkeulen
2 Handvoll Kirschtomaten
1 rote Paprika
1 Zwiebel
1 l Geflügelfond
2 EL Öl
1 ½ EL Paprikapulver, edelsüß
1 Prise gemahlener Safran
Salz, Pfeffer

**Nährwerte p. P.**

*436 kcal*
*40 g Kohlenhydrate*
*15 g Fett*
*31 g Eiweiß*

1 Zunächst die Schale der Zwiebel entfernen und fein hacken. Danach die Kartoffeln schälen und in gleichmäßige Spalten zerteilen. Zum Schluss noch Paprika halbieren, das Kerngehäuse entfernen und in schmale Streifen schneiden sowie die Zucchini waschen und in Scheiben schneiden.

2 Als Nächstes das Öl in eine Pfanne füllen, heiß werden lassen und die Hähnchenkeulen bei hoher Hitzezufuhr rundherum kräftig anbraten. Nach 3 bis 4 Minuten die gehackte Zwiebel, die Paprikastreifen und die Kartoffelspalten mit in die Pfanne geben und mit Paprikapulver und Safran würzen. Für weitere 4 bis 5 Minuten mit andünsten und dann mit dem Geflügelfond aufgießen. Die Pfanne mit einem Deckel verschließen und bei mäßiger Hitze für etwa 10 Minuten sanft köcheln lassen.

3 Nach Ablauf der Kochzeit den Risotto-Reis hinzufügen und gründlich einrühren. Die Pfanne erneut mit einem Deckel abdecken und für weitere 10 Minuten leise kochen lassen. Nach Ende der Garzeit die vorbereiteten Zucchinischeiben sowie die Kirschtomaten dazugeben und nochmals für ca. 10 Minuten kochen. Kurz vor Ende der Garzeit die Erbsen sowie die Garnelen mit in die Pfanne füllen und bei geschlossenem Deckel für die restlichen 3 bis 4 Minuten mitgaren.

4 Vor dem Servieren mit Salz und Pfeffer würzen und anschließend die fertige One-Pot-Paella servieren und direkt genießen.

# SPAGHETTI IN MEDITERRANER SAUCE MIT GARNELEN

5 Port.

20 Min.

Leicht

**Zutaten**

500 g Spaghetti
500 g Küchenfertige Garnelen
80 g Parmesan
2 Zitronen
4 Knoblauchzehen
1 Chilischote
3 EL Olivenöl
Basilikum (zum Dekorieren)
Salz, Pfeffer

**Nährwerte p. P.**

*546 kcal*
*77 g Kohlenhydrate*
*8 g Fett*
*39 g Eiweiß*

1 Zunächst Wasser in einem ausreichend großen Topf zum Kochen bringen und danach die Spaghetti nach Verpackungsvorgabe kochen.

2 In der Zwischenzeit die Zitronen auspressen und hierbei den Saft in einem Behälter auffangen. Danach die Chilischote der Länge nach aufschneiden, die Kerne entfernen und dann in Streifen schneiden. Abschließend die Knoblauchzehen mit einem Messer zerdrücken, die Schale entfernen und fein hacken.

3 In einer Pfanne das Olivenöl erhitzen und den Knoblauch mit den Garnelen beidseitig anbraten. Nach ca. 5 Minuten ca. 100 ml Nudelwasser zusammen mit dem Saft der Zitronen in die Pfanne gießen. Zum Abschluss nach Belieben mit Salz und Pfeffer abschmecken.

4 Die Spaghetti abgießen und in die Pfanne zu den Garnelen schütten. Alles gut vermengen und gleichmäßig auf fünf Tellern anrichten. Die fertigen Spaghetti mit einigen Basilikumblättchen sowie den vorbereiteten Chilistreifen toppen, mit etwas geriebenem Parmesan garnieren und heiß servieren.

# PASTINAKENMUS MIT LACHS UND PETERSILIEN-PESTO

2 Port.

35 Min.

Leicht

**Zutaten**

300 g Lachsfilet (mit Haut)
250 g Pastinaken
250 g Petersilienwurzel
50 g Petersilie
1 ½ Limetten
1 rote Zwiebel
100 ml Wasser
2 EL Öl
Granatapfelkerne
Salz, Pfeffer

**Nährwerte p. P.**

*382 kcal*
*39 g Kohlenhydrate*
*12 g Fett*
*33 g Eiweiß*

1 Zunächst den Backofen auf 200 °C vorheizen. Den Lachs in eine Auflaufform oder auf einem mit Backpapier ausgelegtem Blech legen. Hierbei darauf achten, dass die Hautseite nach unten zeigt. Anschließend eine der Limetten in dünne Scheiben schneiden sowie die Zwiebel schälen und ebenfalls in Scheiben zerteilen. Beides gleichmäßig auf dem Lachs verteilen. Den Lachs nun in den Backofen geben und für ca. 25 Minuten garen.

2 Danach die Schale der Pastinaken und Petersilienwurzeln entfernen und jeweils in mundgerechte Stücke schneiden. Das gestückelte Gemüse in einen Topf geben, mit 100 ml Wasser auffüllen und dann für 20 Minuten bei mäßiger Hitze kochen.

3 Nach dem Kochvorgang zwei Messerspitzen Salz hinzufügen und den Topfinhalt erst auf niedriger Stufe pürieren dann auf der höchsten Stufe mixen, sodass eine cremige Masse entsteht.

4 Zum Zubereiten des Petersilien-Pestos die Petersilie waschen, trocken tupfen und in ein Gefäß füllen. Nun den Saft der übrigen Limette hinzupressen sowie 2 EL Öl hinzufügen. Mithilfe eines Pürierstabs zu einer feinen Paste pürieren. Nach dem Pürieren das fertige Pesto mit Salz und Pfeffer abschmecken.

5 Zum Abschluss das Pastinakenmus auf zwei Tellern anrichten, den Lachs dazu legen, mit den Granatapfelkernen toppen und zusammen mit dem Petersilien-Pesto zusammen genießen.

# OKTOPUSSALAT

4 Port.

1 Std.

Mittel

## Zutaten

600 g frischen Oktopus
600 g Kartoffeln
300 g Tomaten
1 Zitrone
1 Stangensellerie
2 Knoblauchzehen
1 Bund Petersilie
4 Zweige Rosmarin
4 Lorbeerblätter
Olivenöl, Essig
Salz, Pfefferkörner

## Nährwerte p. P.

*238 kcal*
*28 g Kohlenhydrate*
*2 g Fett*
*27 g Eiweiß*

1 Zunächst den Oktopus unter fließendem Wasser gründlich reinigen, dabei sollte besonders bei dem Inneren des Kopfes und den Saugnäpfen sehr sorgfältig gearbeitet werden.

2 Danach den Oktopus in einen großen Topf legen und mit ausreichend Wasser bedecken. Nun den Stangensellerie putzen, die Enden abtrennen und kleinschneiden und gemeinsam mit den Lorbeerblättern sowie etwas Salz und Pfefferkörnern zu dem Oktopus in den Topf geben. Bei schwacher Hitze für ca. 20 bis 30 Minuten leicht köchelnd garen. Danach den Topf vom Herd nehmen und für weitere 10 bis 15 Minuten bei geschlossenem Deckel ziehen lassen. Die finale Garzeit hängt von der Größe des Oktopus ab und kann mit einem Messer kontrolliert werden. Dazu ein spitzes Messer nehmen und in den Oktopus pieken. Das Messer sollte hierbei ohne großen Kraftaufwand und Widerstand in den Oktopus stechen können.

3 Nach dem Kochen die Haut des Oktopus entfernen. Dazu den Oktopus unter kaltem Wasser abspülen und währenddessen die Haut abziehen sowie bei Bedarf das Maul herausschneiden. Zum Abschluss die Arme und den Kopf in ca. 2 bis 3 cm große Teile schneiden. Nun werden die Oktopusstücke mit Olivenöl und Essig sowie Salz und Pfeffer mariniert. Danach für ca. 8 Stunden in den Kühlschrank stellen, damit die Marinade richtig einziehen kann. Bei Bedarf die Stücke ab und zu durchrühren.

4 In der Zwischenzeit das Dressing zubereiten. Hierzu das Olivenöl, die Knoblauchzehen sowie die Rosmarinzweige in ein Gefäß geben, mit Salz und Pfeffer mischen und anschließend kaltstellen.

5 Zum Abschluss die Kartoffeln gründlich waschen, in einen Topf geben und mit Wasser auffüllen. Etwas Salz hinzufügen und die Kartoffeln bei mäßiger Hitze je nach Größe 20 bis 25 Minuten garen. Nach Ablauf der Garzeit die Kartoffeln in ein Sieb abgießen, ausdampfen lassen und erst danach schälen.

6 Die gepellten Kartoffeln zusammen mit den Oktopusstückchen auf vier Teller verteilen und mit dem Dressing begießen. Nun die Zitrone auspressen und etwas vom Saft darüber träufeln. Mit einigen Petersilienblättern toppen und den fertigen Oktopussalat servieren.

# GNOCCHI MIT GARNELEN

4 Port.

30 Min.

Leicht

**Zutaten**

500 g Gnocchi
400 g Garnelen (geschält, ohne Kopf)
100 g Babyspinat
1 Zucchini
1 Aubergine
2 Knoblauchzehen
2 rote Chilischoten
1 Dose gehackte Tomaten
150 ml Wasser
4 EL Öl
1 EL Honig
1 TL Paprikapulver, rosenscharf
Salz, Pfeffer

**Nährwerte p. P.**

*440 kcal*
*50 g Kohlenhydrate*
*13 g Fett*
*28 g Eiweiß*

1 Zunächst die Garnelen küchenfertig machen. Danach Zucchini und Aubergine unter fließendem Wasser gründlich abwaschen, die Enden abtrennen und in Stücke schneiden. Nun die Knoblauchzehen schälen und fein hacken. Anschließend die Chilischoten waschen, der Länge nach aufschneiden, die Kerne entfernen und in schmale Streifen schneiden.

2 Das Öl in einen ausreichend großen Topf füllen, erhitzen und dann die Gnocchi dazu geben. Für 2 bis 3 Minuten bei mäßiger Hitze von allen Seiten anbraten. Die Gnocchi aus dem Topf nehmen und beiseitestellen. Danach die vorbereiteten Garnelen mit einem Küchenpapier trocken tupfen und zusammen mit dem Knoblauch und den Chilistreifen in den bereits verwendeten Topf füllen und für ca. 3 Minuten bei mäßiger Hitze anbraten.

3 Nach Ende der Garzeit die Garnelen aus dem Topf nehmen, dafür das vorbereitete Gemüse hinzufügen und für einige Minuten mit anbraten. Zum Abschluss die gehackten Tomaten sowie das Wasser dazu gießen, mit dem Honig süßen und mit dem Paprikapulver bestäuben. Bei mäßiger Hitzezufuhr für weitere 5 Minuten kochen lassen und währenddessen mit Salz und Pfeffer abschmecken. In der Zwischenzeit den Babyspinat in ein Sieb füllen, gründlich waschen, verlesen und abtropfen lassen.

4 Zum Abschluss die Gnocchi sowie die Garnelen zusammen mit dem Spinat in den Topf geben, unterheben und kurz erwärmen. Bei Bedarf nochmals mit Salz und Pfeffer abschmecken und dann die fertigen Gnocchi mit Garnelen auf vier Tellern anrichten. Direkt servieren und heiß genießen.

# LACHS-PASTA MIT SPINAT UND CHAMPIGNONS

4 Port. 30 Min. Leicht

**Zutaten**

400 g Spaghetti
250 g Räucherlachs
250 g Champignons
100 g Spinat
100 g Schlagsahne
1 Zwiebel
1 Knoblauchzehe
1 Zitrone ungespritzt
½ Bund Thymian
1 bis 2 Zweige Rosmarin
900 ml Wasser
2 EL Olivenöl
3 bis 4 TL Gemüsebrühe
Salz, Pfeffer

**Nährwerte p. P.**

*630 kcal*
*72 g Kohlenhydrate*
*23 g Fett*
*30 g Eiweiß*

1 Zunächst die Schale der Zwiebel entfernen und in schmale Streifen schneiden. Danach die Champignons von Schmutz befreien, die Stiele gegebenenfalls kürzen und die größeren Pilze halbieren. Die Schale der Knoblauchzehe entfernen und die Zehe sehr fein hacken.

2 Nun das Öl in eine Pfanne geben, heiß werden lassen und die Champignons darin scharf anbraten. Dann die Zwiebelstreifen sowie den gehackten Knoblauch hinzugeben und mit anbraten. Mit etwas Salz und Pfeffer abschmecken und anschließend das Pilzgemüse aus der Pfanne nehmen und beiseitestellen.

3 Danach die Sahne in einen Topf geben, mit dem Wasser vermischen und dann die Spaghetti hineingeben. Bei starker Hitze aufkochen lassen und erst dann die Brühe hinzugeben. Alles kurz umrühren und anschließend bei mäßiger Hitze für etwa 10 Minuten und geschlossenem Deckel köcheln lassen.

4 Währenddessen die Zitrone waschen, trocken reiben und die Schale mithilfe einer Reibe abraspeln. Anschließend den Thymian waschen, trocken tupfen und die Blätter von den Stielen zupfen. Nun den vorbereiteten Spinat sowie den Thymian und die Champignons zu den Spaghetti in den Topf geben und erneut aufkochen lassen. In der Zwischenzeit die Zitrone auspressen und die Spaghetti mit dem Zitronensaft sowie Salz und Pfeffer abschmecken.

5 Kurz vor dem Servieren den Lachs klein zupfen, zu den Nudeln geben und vorsichtig unterheben. Die fertige Lachs-Pasta mit Spinat und Champignons auf vier Tellern anrichten und heiß genießen.

# GEMÜSEPFANNE MIT FISCH

4 Port.

35 Min.

Leicht

**Zutaten**

300 g Seelachs (oder Pangasius) Filet
200 g Schlagsahne
2 Möhren
1 Zwiebel
3 Frühlingszwiebeln
1 Stückchen Sellerie
1 Knoblauchzehe
1 Zitrone
500 ml Milch
2 EL Senf
1 EL Butter
1 EL Mehl
1 EL Kokosöl
2 EL Dill TK (oder frisch)
1 Ei
Salz, Pfeffer

**Nährwerte p. P.**

*397 kcal*
*16 g Kohlenhydrate*
*28 g Fett*
*19 g Eiweiß*

1 Zunächst das Filet in gleichmäßige Stücke schneiden. Danach die Zitrone auspressen, den Saft auffangen und über den Fisch gießen. Zum Abschluss beide Seiten des Filets mit Salz und Pfeffer bestreuen. Das Kokosöl in eine Pfanne geben, heiß werden lassen und den Fisch darin bei mäßiger Hitze für ca. 3 bis 4 Minuten von beiden Seiten anbraten. Währenddessen die Möhren von der Schale befreien und in dünne Streifen schneiden. Die Möhrenstreifen zum Fisch in die Pfanne geben und mit anbraten.

2 Nun die Zwiebel schälen und in kleine Stückchen hacken sowie den Knoblauch schälen und ebenfalls sehr fein hacken. Anschließend die Butter in einen Topf füllen, erhitzen und die Zwiebel mit dem Knoblauch darin bei mäßiger Hitze anschwitzen. Jetzt das Mehl hinzugeben und mit einem Schneebesen gut verrühren. Nachdem das Mehl mit der Butter kleine Klumpen gebildet hat, die Milch zusammen mit der Schlagsahne in den Topf gießen und ausgiebig verrühren.

3 Danach den Sellerie und die Frühlingszwiebeln waschen, in kleine Stücke zerteilen und beides mit in den Topf geben. Nun den Senf hinzugeben sowie den Dill waschen, trocken tupfen, hacken und ebenfalls unterrühren. Zum Abschluss mit dem Pürierstab so lange pürieren, bis sich eine sämige Konsistenz eingestellt hat.

4 Jetzt das Ei aufschlagen, trennen und das Eiweiß schaumig aufschlagen und in den Topf geben. Nochmals umrühren und zum Schluss das Fischfilet und die Möhren langsam unterheben. Mit Salz und Pfeffer abschmecken und dann die fertige Gemüsepfanne auf vier Tellern anrichten und heiß genießen.

# FISCH-BULETTEN

 4 Port.

 30 Min.

 Leicht

**Zutaten**

500 g Meeresfisch (Dorsch, Seelachs, Heilbutt)
150 g Semmelbrösel
1 trockenes Brötchen
1 Ei
1 TL getrockneten Dill
2 TL Salz
1 Bund frische Petersilie
1 kleine Zwiebel
Pfeffer

**Nährwerte p. P.**

*324 kcal*
*35 g Kohlenhydrate*
*9 g Fett*
*24 g Eiweiß*

1 Zunächst das Filet grob in mundgerechte Stücke schneiden und in einer hohen Schüssel mit einem Pürierstab pürieren. Den Fisch erstmal beiseitestellen und anschließend das Brötchen in eine Schüssel geben. Mit Wasser auffüllen und das Brötchen für ca. 10 Minuten einweichen lassen. Danach das Wasser aus dem Brötchen pressen und erst dann zum Fisch in die Schüssel geben.

2 Als Nächstes die Zwiebel schälen, in grobe Stücke zerteilen und zusammen mit dem Ei und dem Dill in die Schüssel geben. Alles zusammen nochmals gründlich pürieren. Danach die Petersilie waschen, trocken tupfen und hacken. Die gehackte Petersilie nun über die Masse geben und einrühren.

3 Nun das Öl in eine große Pfanne füllen und heiß werden lassen. Nebenbei einen tiefen Teller mit den Semmelbröseln befüllen. Im Anschluss mit den Händen vier gleich große Buletten aus der Fisch-Masse formen und von allen Seiten mit Semmelbröseln bedecken.

4 Die panierten Buletten in die Pfanne legen und von beiden Seiten bei mäßiger Hitze anbraten, bis sie goldbraun sind. Nun die Hitze reduzieren und die Buletten für 6 bis 10 Minuten langsam durchgaren.

5 Die fertigen Fisch-Buletten heiß oder kalt genießen.

# CURRY MIT LACHS UND REIS

5 Port.

30 Min.

Leicht

**Zutaten**

375 g Lachsfilet
250 g Risotto-Reis
500 g Brokkoli
½ Zitrone
2 Frühlingszwiebeln
2 Möhren
1 kleine Zucchini
1 l Gemüsebrühe
200 ml Kokosmilch
4 EL Currypulver
Salz, Pfeffer

**Nährwerte p. P.**

*504 kcal*
*47 g Kohlenhydrate*
*20 g Fett*
*30 g Eiweiß*

1 Zunächst die Gemüsebrühe in einen großen Topf füllen, bei mäßiger Hitzezufuhr heiß werden lassen und währenddessen das Currypulver einrühren.

2 Danach die Frühlingszwiebeln waschen, die Enden abtrennen und in dünne Ringe schneiden. Dann die Schale der Möhren entfernen und in kleine Stücke schneiden. Nun den Brokkoli waschen und in kleine Röschen zerteilen sowie die Zucchini waschen und in Würfel schneiden. Zuletzt noch das Lachsfilet in gleichmäßig große Stücke schneiden.

3 Dann die Koksmilch zusammen mit dem Risotto-Reis und dem vorbereiteten Gemüse zu der Gemüsebrühe in den Topf geben und gut verrühren. Den Topfinhalt einmal aufkochen lassen und dann bei mäßiger Hitze für 20 bis 25 Minuten kochen. Das Gericht ist fertig, wenn der Reis durchgegart ist.

4 Abschließend die halbe Zitrone auspressen und das Curry mit Zitronensaft, Salz und Pfeffer abschmecken. Direkt servieren und heiß genießen.

# MUSCHELEINTOPF

4 Port. 45 Min. Leicht

**Zutaten**

2 kg Miesmuscheln
1 Bund Suppengrün
3 Knoblauchzehen
½ Zitrone, unbehandelt
2 Lorbeerblätter
500 ml Weißwein, trocken
Cayennepfeffer
Salz, Pfeffer

**Nährwerte p. P.**

*160 kcal*
*17 g Kohlenhydrate*
*4 g Fett*
*57 g Eiweiß*

1 Zunächst die Miesmuscheln mit einer Bürste säubern. Hierbei Muscheln, die schon geöffnet sind, aussortieren. Danach das Suppengrün säubern und in große Stücke schneiden sowie die Knoblauchzehen schälen und sehr fein hacken. Außerdem die Zitrone waschen, trocken reiben und die Zitronenschale mithilfe einer Reibe abraspeln. Anschließend die Zitrone halbieren und den Saft herauspressen.

2 Nun den Wein in einen ausreichend großen Topf füllen und das vorbereitete Gemüse zusammen mit den Lorbeerblättern sowie Salz, Pfeffer und Cayennepfeffer hinzufügen. Etwas Zitronensaft hinzugießen und bei starker Hitze für ca. 3 Minuten kochen lassen.

3 Jetzt die Miesmuscheln hinzufügen, den Topf mit einem Deckel verschließen und das Ganze für etwa 10 bis 12 Minuten bei mäßiger Hitzezufuhr kochen. Dabei den Topf regelmäßig durchrütteln (nicht rühren).

4 Den fertigen Muscheleintopf auf vier Tellern anrichten (dabei noch verschlossene Muscheln aussortieren) und heiß genießen.

# Hauptspeisen mit Fleisch

# BÄRLAUCH-PASTA MIT HÄHNCHEN

2 Port.

20 Min.

Leicht

**Zutaten**

300 g Hähnchenbrust
200 g Bandnudeln (nach Wahl)
2 Handvoll Cocktailtomaten
4 Bärlauchblätter
1 Peperoni
2 TL Bärlauch-Pesto
1 TL Olivenöl
Etwas frische Petersilie
Etwas geriebenen Parmesan
Salz, Pfeffer

**Nährwerte p. P.**

*594 kcal*
*85 g Kohlenhydrate*
*6 g Fett*
*47 g Eiweiß*

1 Zunächst einen Topf mit Wasser befüllen, salzen und die Nudeln nach Packungsanleitung darin garen. In der Zwischenzeit das Hähnchenbrustfilet unter fließendem Wasser abspülen, mit einem Küchenpapier trocken tupfen und in mundgerechte Stücke zerteilen. Nun das Öl in eine Pfanne geben, heiß werden lassen und das Hähnchenfleisch darin bei mäßiger Hitzezufuhr für etwa 5 Minuten rundherum goldbraun anbraten. Im Anschluss die Pfanne vom Herd nehmen und das Fleisch warm halten.

2 Währenddessen die Peperoni waschen, der Länge nach aufschneiden, die Kerne entfernen und in dünne Streifen schneiden. Anschließend die Petersilie und den Bärlauch waschen, trocken tupfen und grob hacken sowie die Tomaten waschen, halbieren und den Stielansatz entfernen.

3 Nach Ablauf der Garzeit die Nudeln in ein Sieb abgießen und anschließend zurück in den Topf geben. Die Tomaten hinzufügen, das Bärlauch-Pesto unterrühren und alles mit Salz und Pfeffer abschmecken.

4 Die Bärlauch-Pasta auf zwei Teller verteilen und das gebratene Hähnchen gleichmäßig über die Nudeln geben. Mit einigen Peperonistreifen bestreuen sowie mit Bärlauch und Petersilie toppen. Mit etwas geriebenem Parmesan garnieren und direkt genießen.

# HÄHNCHEN-PAELLA

4 Port.

30 Min.

Leicht

**Zutaten**

600 g Hähnchenbrustfilet
300 g Risotto-Reis
300 g Erbsen
4 Paprika (2 rote, 2 gelbe)
1 Bund Frühlingszwiebeln
1 Zitrone
1 Zwiebel
1 Knoblauchzehe
600 ml Geflügelfond
4 EL Öl
2 TL Currypulver
Salz, Pfeffer

**Nährwerte p. P.**

*594 kcal*
*85 g Kohlenhydrate*
*6 g Fett*
*47 g Eiweiß*

1 Zunächst Hähnchenbrustfilet unter fließendem Wasser abspülen, mit einem Küchenpapier trocken tupfen und in mundgerechte Stücke zerteilen. Anschließend die Zwiebel und den Knoblauch schälen und beides fein hacken. Zum Schluss noch die Paprika waschen, das Kerngehäuse entfernen und die Schote in kleine Würfel schneiden.

2 Als Nächstes 2 EL Öl in eine Pfanne geben, heiß werden lassen und das Hähnchenfleisch darin bei mäßiger Hitzezufuhr rundherum für 4 bis 5 Minuten goldbraun anbraten. Das Fleisch mit Salz und Pfeffer bestreuen, aus der Pfanne nehmen und warm halten.

3 Nun das restliche Öl in die bereits benutzte Pfanne füllen, erneut heiß werden lassen und die Zwiebeln, den Knoblauch und die Paprikawürfel darin anschwitzen. Währenddessen mit Curry, Salz und Pfeffer würzen. Nach ca. 2 bis 3 Minuten den Risotto-Reis und die Erbsen hinzufügen, für einige Sekunden mit anbraten und im Anschluss mit der Brühe auffüllen und die Pfanne mit einem Deckel zudecken. Bei schwacher Hitze für etwa 10 Minuten sanft köchelnd garen.

4 Nach Ablauf der Kochzeit das gebratene Hähnchenfleisch untermischen und für weitere 5 Minuten bei geschlossenem Deckel garen. Zwischenzeitlich die Zitrone waschen, trocken reiben und in Viertel zerteilen sowie die Frühlingszwiebeln waschen, die Enden abtrennen und in Ringe schneiden. Nach Ende der Garzeit die Frühlingszwiebeln mit in die Pfanne geben, unterrühren und alles nochmals mit Salz und Pfeffer abschmecken.

5 Die fertige Hähnchen-Paella direkt servieren und die Zitrone dazu reichen.

# NUDEL-SPECK-TOPF

4 Port.

30 Min.

Leicht

**Zutaten**

500 g Spiralnudeln
500 g Pfifferlinge
200 g Sahne
150 g Speck
75 g Frischkäse
20 g geriebenen Parmesan
25 g Mandeln
2 Stangen Lauch
½ Zitrone
300 ml Gemüsebrühe
1 EL Butter
Salz, Pfeffer

**Nährwerte p. P.**

*916 kcal*
*128 g Kohlenhydrate*
*32 g Fett*
*30 g Eiweiß*

1 Zunächst die Pilze putzen und die Stiele gegebenenfalls kürzen. Anschließend den Lauch putzen, die Enden abtrennen und in dünne Streifen schneiden. Als Nächstes die Butter in einen Topf füllen, heiß werden lassen und die Mandeln darin rundherum anrösten. Währenddessen mit etwas Salz bestreuen und mehrfach wenden. Die Mandeln auf einen mit Küchenpapier ausgelegten Teller geben und abkühlen lassen.

2 Nun den Speck in den bereits verwendeten Topf geben und bei mäßiger Hitze für etwa 3 bis 4 Minuten anbraten. Im Anschluss die Lauchstreifen zum Speck geben und für ca. 2 Minuten mit anschwitzen. Danach mit der Brühe sowie der Sahne aufgießen und alles zusammen kurz aufkochen lassen. Abschließend die Pfifferlinge sowie die Nudeln in den Topf füllen und bei geschlossenem Deckel für ca. 8 bis 10 Minuten kochen.

3 In der Zwischenzeit die Zitrone halbieren und den Saft herauspressen. Nach Ablauf der Kochzeit den Topf von der Herdplatte nehmen. Nun den Frischkäse in den Nudel-Speck-Topf rühren und anschließend mit Zitronensaft, Salz und Pfeffer abschmecken. Zum Abschluss mit dem geriebenen Parmesan bestreuen, mit den Mandeln toppen und direkt servieren und genießen.

# SAUERKRAUT-EINTOPF

4 Port. 45 Min. Leicht

**Zutaten**

600 g Hackfleisch
500 g Sauerkraut
400 g gehackte Tomaten (aus der Dose)
20 g gehackte Petersilie
2 Zwiebeln
2 Knoblauchzehen
1 gelbe Paprika
1 Lorbeerblatt
500 ml Gemüsebrühe
2 EL Tomatenmark
2 EL Öl
Paprikapulver, rosenscharf
Salz, Pfeffer

**Nährwerte p. P.**

*479 kcal*
*28 g Kohlenhydrate*
*28 g Fett*
*33 g Eiweiß*

1 Zunächst den Knoblauch und die Zwiebeln schälen und jeweils sehr fein hacken. Anschließend das Sauerkraut in ein Sieb kippen und abtropfen lassen sowie die Paprika waschen, das Kerngehäuse entfernen und die Schoten in kleine Stücke schneiden.

2 Nun das Öl in einen Topf füllen, heiß werden lassen und das Hackfleisch darin für ca. 3 Minuten bei mäßiger Hitze braten. Anschließend den Knoblauch, die Zwiebeln sowie die Paprika zum Fleisch geben und für ca. 3 Minuten mit braten. Währenddessen mit Paprikapulver, Salz und Pfeffer bestäuben.

3 Als Nächstes das Tomatenmark mit in den Topf geben, für einige Sekunden anschwitzen und danach das Sauerkraut hinzugeben und mit den gehackten Tomaten sowie der Brühe aufgießen. Abschließend das Lorbeerblatt dazulegen und den Eintopf bei geschlossenem Deckel für etwa 20 Minuten leise köcheln lassen. Währenddessen die Petersilie waschen, trocken tupfen und hacken.

4 Nach Ende der Kochzeit den Eintopf final mit Salz und Pfeffer abschmecken, mit der Petersilie bestreuen und heiß servieren.

# MEDITERRANE ONE-POT-PASTA

4 Port.

30 Min.

Leicht

**Zutaten**

500 g Hähnchenfilet
400 g Penne
200 g Sahne
125 g Mozzarella
100 g getrocknete Tomaten
½ Bund frische Petersilie
1 l Wasser
3 EL Olivenöl
1 EL Hühnerbrühe-Pulver
Etwas getrockneten Oregano
Chiliflocken
Salz, Pfeffer

**Nährwerte p. P.**

*820 kcal*
*77 g Kohlenhydrate*
*33 g Fett*
*48 g Eiweiß*

1 Zunächst das Hähnchenfleisch unter fließendem Wasser abspülen, mit einem Küchenpapier trocken tupfen und anschließend in mundgerechte Stücke schneiden. Im Anschluss die getrockneten Tomaten bei Bedarf halbieren.

2 Als Nächstes das Öl in eine Pfanne füllen, heiß werden lassen und das Fleisch darin bei mäßiger Hitze für ca. 3 bis 4 Minuten anbraten. Danach die Tomaten dazugeben, kurz mit anschwitzen und währenddessen mit Chili, Oregano, Salz und Pfeffer bestreuen.

3 Nun mit der Sahne und dem Wasser aufgießen, das Brühepulver untermischen und bei starker Hitzezufuhr aufkochen lassen. Anschließend die Nudeln hinzufügen und einrühren und bei mäßiger Hitze für ca. 12 Minuten kochen. Zwischenzeitlich umrühren.

4 In der Zwischenzeit die Petersilie waschen, trocken tupfen und hacken sowie den Mozzarella in kleine Stücke zerteilen. Nach Ende der Kochzeit den Mozzarella mit in den Topf geben, unterheben und gegebenenfalls nochmals mit Salz und Pfeffer abschmecken. Die fertige mediterrane One-Pot-Pasta auf vier Teller verteilen, mit etwas Petersilie toppen und servieren.

# PUTENALLERLEI MIT PILZEN

6 Port. 1,5 Std. Leicht

## Zutaten

2,5 kg braune Champignons
900 g Putenschnitzel
6 Knoblauchzehen
3 Bund Frühlingszwiebeln
2 Bund glatte Petersilie
3 Chilischoten
12 EL Olivenöl
10 EL Sherryessig
Salz, Pfeffer

## Nährwerte p. P.

*509 kcal*
*9 g Kohlenhydrate*
*30 g Fett*
*45 g Eiweiß*

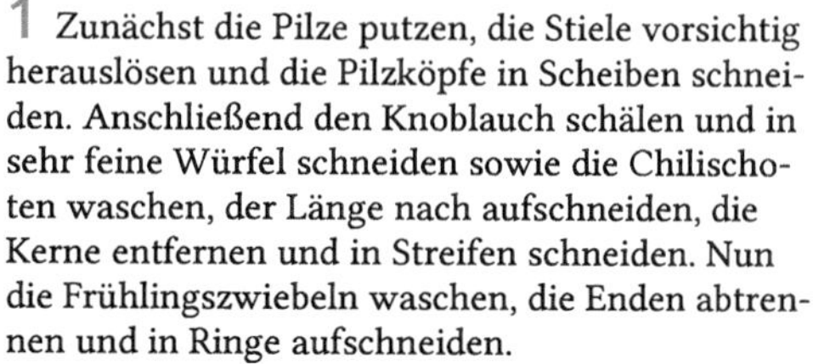

1 Zunächst die Pilze putzen, die Stiele vorsichtig herauslösen und die Pilzköpfe in Scheiben schneiden. Anschließend den Knoblauch schälen und in sehr feine Würfel schneiden sowie die Chilischoten waschen, der Länge nach aufschneiden, die Kerne entfernen und in Streifen schneiden. Nun die Frühlingszwiebeln waschen, die Enden abtrennen und in Ringe aufschneiden.

2 Als Nächstes die Pilze aufgrund der großen Menge in vier Portionen aufteilen und nacheinander in einer großen Pfanne ohne Zugabe von Fett für ca. 4 Minuten bei mäßiger Hitze anbraten. Hierbei jede Portion während des Bratens leicht salzen. Anschließend jeweils 2 EL Öl zu jeder Pilzportion in die Pfanne geben sowie jeweils ein Viertel der Chilistreifen, Zwiebelringe und Knoblauchwürfel. Für ca. 2 bis 3 Minuten mit anschwitzen und danach mit 2 ½ EL Essig beträufeln. Auf diese Weise jede der vier Champignonportionen zubereiten.

3 Sobald alle Pilze zubereitet sind, die Gemüse-Champignon-Portionen zusammen in eine große Schüssel geben und kräftig mit Pfeffer bestäuben und nochmals nachsalzen. Gründlich vermengen und für mindestens 30 Minuten durchziehen lassen.

4 In der Zwischenzeit das Putenfleisch unter fließendem Wasser abspülen, mit einem Küchenpapier trocken tupfen und in kleine Stücke zerschneiden. Das Fleisch ebenfalls in vier Portionen teilen und bei mäßiger Hitze nacheinander mit jeweils 1 EL Öl für ca. 5 bis 6 Minuten in einer Pfanne goldbraun anbraten. Zum Schluss mit Salz und Pfeffer würzen, beiseitestellen und etwas abkühlen lassen.

5 Nun die Petersilie waschen, trocken tupfen und hacken. Anschließend die Pilze mit dem lauwarmen Fleisch vermischen und die gehackte Petersilie unterheben.

6 Das fertige Putenallerlei mit Pilzen lauwarm servieren und genießen.

# BUNTES HÜHNCHEN-CURRY

2 Port.

1 Std.

Leicht

**Zutaten**

200 g Hähnchenbrustfilet
200 g Blattspinat
200 g Kokosmilch
2 rote Paprikas
2 Knoblauchzehen
1 rote Zwiebel
200 ml Gemüsebrühe
2 EL Kokosöl
2 EL Currypulver
1 bis 2 EL Kokosmehl (ersatzweise auch Speisestärke oder heller Soßenbinder)
½ TL Paprikapulver
Salz, Pfeffer

**Nährwerte p. P.**

*745 kcal*
*57 g Kohlenhydrate*
*35 g Fett*
*42 g Eiweiß*

1 Zunächst die Zwiebel schälen und klein würfeln sowie den Knoblauch schälen und pressen. Anschließend die Paprikas waschen, das Kerngehäuse entfernen und in mundgerechte Stücke zerteilen. Danach den Spinat waschen und abtropfen lassen. Nun das Hühnchenfleisch unter fließendem Wasser abspülen, mit einem Küchenpapier trocken tupfen und in schmale, kurze Streifen schneiden.

2 Als Nächstes 1 EL Kokosöl in einen Topf geben, heiß werden lassen und die Zwiebeln sowie den Knoblauch und die Paprikas darin anschwitzen. Nach etwa 3 bis 4 Minuten die Kokosmilch und die Gemüsebrühe hinzufügen und bei mäßiger Hitzezufuhr für ca. 10 bis 12 Minuten kochen.

3 Nun das Kokosmehl einrühren und den Spinat mit in den Topf füllen. Kurz erhitzen, bis die Spinatblätter zusammenfallen und anschließend mit Curry, Paprikapulver, Salz und Pfeffer würzen.

4 Im Anschluss das restliche Kokosöl in eine kleine Pfanne geben, erhitzen und das Hühnchenfleisch darin bei starker Hitze für ca. 4 bis 5 Minuten scharf anbraten. Währenddessen mit Salz und Pfeffer würzen. Das fertige Curry auf zwei Tellern anrichten, das Hühnchenfleisch darüber geben und direkt servieren und heiß genießen.

# LASAGNE AUS DEM TOPF

2 Port.

1 Std.

Leicht

**Zutaten**

150 g Hackfleisch (bevorzugt vom Lamm)
100 g Lasagneblätter
2 Knoblauchzehen
1 Stange Staudensellerie
1 Zwiebel
1 Möhre
1 Dose gehackte Tomaten
250 ml Gemüsebrühe
125 ml trockener Rotwein
2 EL Olivenöl
1 Msp. Zimt
Etwas geriebenen Parmesan
Salz, Pfeffer

**Nährwerte p. P.**

*522 kcal*
*49 g Kohlenhydrate*
*19 g Fett*
*26 g Eiweiß*

1 Zunächst den Knoblauch und die Zwiebel schälen und jeweils fein hacken. Danach den Sellerie putzen und in kleine Würfel zerteilen. Anschließend die Möhre schälen und in dünne Scheiben schneiden.

2 Als Nächstes das Öl in einen Topf geben, heiß werden lassen und die Zwiebel und den Knoblauch bei mäßiger Hitze für 1 bis 2 Minuten darin glasig dünsten. Danach das restliche Gemüse dazugeben und für weitere 2 bis 3 Minuten anbraten. Erst danach das Hackfleisch mit in den Topf geben und für etwa 5 bis 6 Minuten anbraten und dabei mehrfach wenden.

3 Nun die gehackten Tomaten mit in den Topf füllen und mit dem Wein sowie der Brühe aufgießen. Mit Zimt, Salz und Pfeffer würzen und für ca. 15 Minuten bei mäßiger Hitze sanft köcheln lassen. Nach der Kochzeit die Lasagneblätter mittig zerbrechen und mit in den Topf legen. Unterheben und für 8 bis 10 Minuten mitgaren lassen.

4 Die fertige Lasagne aus dem Topf umrühren, bei Bedarf mit Salz und Pfeffer abschmecken, mit etwas Parmesan toppen und direkt servieren.

# SPÄTZLE MIT HÄHNCHEN

4 Port.

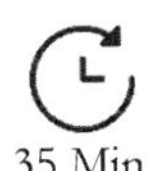
35 Min.

Leicht

**Zutaten**

500 g gekochte Spätzle
500 g Hähnchenbrustfilet
200 g Schmelzkäse
3 Paprikas
2 Zwiebeln
2 Knoblauchzehen
1 Bund frischer Schnittlauch
400 ml Sahne
300 ml Gemüsebrühe
3 EL Öl
2 TL Paprikapulver
Salz, Pfeffer

**Nährwerte p. P.**

*910 kcal*
*47 g Kohlenhydrate*
*56 g Fett*
*48 g Eiweiß*

1 Zunächst das Hähnchenfleisch unter fließendem Wasser abspülen, mit einem Küchenpapier trocken tupfen und anschließend in schmale, kurze Streifen schneiden. Danach die Zwiebeln und den Knoblauch schälen und jeweils fein hacken sowie die Paprikas waschen, das Kerngehäuse entfernen und die Schote in mundgerechte Stücke würfeln.

2 Als Nächstes 1 EL Öl in einen Topf füllen, heiß werden lassen und das Fleisch bei mäßiger Hitze darin scharf anbraten. Nach etwa 3 bis 5 Minuten das Fleisch aus dem Topf nehmen und beiseitestellen. Im Anschluss das restliche Öl in den Topf geben, erhitzen und den Knoblauch, die Zwiebeln und die Paprikawürfel bei mäßiger Hitze darin andünsten. Währenddessen mit Paprikapulver bestäuben sowie mit Salz und Pfeffer würzen.

3 Nach etwa 4 bis 5 Minuten das Hähnchenfleisch zurück in den Topf geben, mit dem Gemüse vermengen und mit der Gemüsebrühe und der Sahne aufgießen. Anschließend den Schmelzkäse einrühren und alles zusammen kurz aufkochen lassen.

4 Abschließend die Spätzle in den Topf geben, umrühren und heiß werden lassen. Währenddessen den Schnittlauch waschen, trocken tupfen und klein hacken. Die fertigen Spätzle mit Hähnchen bei Bedarf mit Salz und Pfeffer abschmecken, mit dem Schnittlauch bestreuen und direkt servieren.

# HACK-ZUCCHINI-TOPF

6 Port.

50 Min.

Leicht

**Zutaten**

1 kg Hackfleisch
1 kg Zucchini
3 Knoblauchzehen
2 Zwiebeln
2-3 Handvoll Cocktailtomaten
1 Zweig Rosmarin
250 ml Gemüsebrühe
3 EL Öl
3 EL Balsamico
1 TL Kreuzkümmel
1 TL Currypulver

**Nährwerte p. P.**

*450 kcal*
*11 g Kohlenhydrate*
*31 g Fett*
*31 g Eiweiß*

1 Zunächst den Knoblauch und die Zwiebeln schälen und jeweils fein hacken. Danach die Zucchini waschen, die Enden abtrennen und in gleichmäßige Würfel schneiden.

2 Als Nächstes das Öl in einen Topf geben, heiß werden lassen und das Hackfleisch bei mäßiger Hitze für etwa 3 bis 4 Minuten anbraten. Anschließend den Knoblauch und die Zwiebeln dazugeben, untermischen und anschwitzen. Währenddessen mit Currypulver und Kreuzkümmel bestreuen und erst danach die Zucchini hinzugeben und für 3 bis 4 Minuten mit braten.

3 Nun den Balsamico über die Hack-Gemüse-Masse träufeln und alles mit der Gemüsebrühe ablöschen. Einen Zweig Rosmarin mit in den Topf legen und für ca. 10 Minuten leise köcheln lassen. In der Zwischenzeit die Tomaten waschen und danach mit in den Topf geben. Für weitere 5 Minuten mit erhitzen und im Anschluss den Hack-Zucchini-Topf mit Salz und Pfeffer abschmecken.

4 Zum Abschluss den Rosmarinzweig aus dem Topf nehmen, den Eintopf auf sechs Teller verteilen und direkt servieren und heiß genießen.

# HÜHNERFRIKASSEE

6 Port. 40 Min. Leicht

## Zutaten

1 kg Hühnerbrustfilet
500 g Spargel
500 g Champignons
200 g Basmati-Reis
200 g Butter
200 g Möhren
200 g Erbsen
1 kleines Glas Kapern
½ Zitrone
1 ¼ l Geflügelfond
4 EL Mehl
2 EL Worcestershire-soße
Etwas Öl
Salz, Pfeffer

## Nährwerte p. P.

*630 kcal*
*39 g Kohlenhydrate*
*30 g Fett*
*47 g Eiweiß*

1 Zunächst das Hähnchenfleisch unter fließendem Wasser abspülen, mit einem Küchenpapier trocken tupfen und anschließend in schmale, kurze Streifen schneiden. Danach die Möhren und den Spargel schälen, die Enden abtrennen und in kleine Stücke zerteilen. Anschließend noch die Champignons putzen und in Scheiben schneiden.

2 Als Nächstes etwas Öl in einen Topf füllen, heiß werden lassen und das Hühnerfleisch bei mäßiger Hitze für ca. 3 bis 4 Minuten rundherum anbraten. Währenddessen mit Salz und Pfeffer bestäuben. Nun das Fleisch aus dem Topf nehmen und beiseitestellen.

3 Erneut etwas Öl in den bereits verwendeten Topf geben, heiß werden lassen und die Champignonscheiben darin für etwa 2 bis 3 Minuten anschwitzen. Nun die Pilze aus dem Topf nehmen und den Spargel sowie die Möhren hineingeben und ebenfalls bei mäßiger Hitze für etwa 3 bis 4 Minuten anbraten. Das Gemüse aus dem Topf nehmen und ebenfalls beiseitestellen.

4 Danach die Butter in den Topf geben, heiß werden lassen und anschließend das Mehl dazu rieseln lassen. Unter Rühren anschwitzen und nach 1 bis 2 Minuten mit der Brühe aufgießen. Gründlich verquirlen und den Zitronensaft sowie die Worcestershiresoße einrühren.

5 Nun das bereits angebratene Fleisch und Gemüse dazugeben sowie die Erbsen und Kapern hinzufügen. Alles gründlich umrühren und bei mäßiger Hitze für etwa 15 Minuten leise köcheln lassen. Nach Ablauf der Kochzeit den Reis in den Topf füllen, untermischen und bei Bedarf mit ca. 200 ml Wasser aufgießen, damit der Reis genügend Flüssigkeit zum Garen hat. Für weitere 12 Minuten sanft kochen lassen und zwischenzeitlich umrühren.

6 Das fertige Hühnerfrikassee auf sechs Teller verteilen, servieren und heiß genießen.

# Vegetarisch & Vegan

# ORECCHIETTE

6 Port.

30 Min.

Leicht

**Zutaten**

400 g Kichererbsen (aus der Dose)
400 g Tomaten
200 g Orecchiette
160 g Schalotten
60 g schwarze Oliven
40 g Kapern
10 g Butter
2 Knoblauchzehen
1 rote Chilischote
1 Lorbeerblatt
1 Handvoll Thymian
1 ¼ l Gemüsebrühe
4 EL Olivenöl
Einige Basilikumblättchen

**Nährwerte p. P.**

*378 kcal*
*35 g Kohlenhydrate*
*18 g Fett*
*16 g Eiweiß*

1 Zunächst die Knoblauchzehen leicht zerdrücken und anschließend Schalotten schälen und der Länge nach in Viertel zerteilen. Danach die Chilischote waschen, längs aufschneiden und die Kerne herauslösen. Nun die Schotenhälfte in dünne Scheiben zerschneiden.

2 Als Nächstes die Tomaten waschen, die Stielansätze entfernen und das Fruchtfleisch grob hacken. Zum Schluss noch den Thymian waschen, trocken tupfen und von den Stielen zupfen sowie die Kichererbsen in ein Sieb abgießen und abtropfen lassen.

3 Nun das Öl zusammen mit der Butter in einen Topf geben, erhitzen und anschließend den Knoblauch, die Chili und die Schalotten bei mäßiger Hitzezufuhr darin anschwitzen. Nach 2 bis 3 Minuten mit der Gemüsebrühe aufgießen, den Topf mit einem Deckel verschließen und die Brühe aufkochen lassen.

4 Als Nächstes die Orecchiette zusammen mit den Kichererbsen, den Kapern sowie den Oliven und dem Lorbeerblatt dazugeben. Die Nudeln nach Packungsanleitung garen. Nach Ende der Garzeit das Lorbeerblatt und den Knoblauch aus dem Topf nehmen und dafür die Tomaten und den Thymian in die Suppe einrühren. Zum Abschluss noch das Basilikum waschen, trocken tupfen, grob hacken und zu den Orecchiette geben. Die fertigen Orecchiette servieren und heiß genießen.

# EINTOPF AUS ASIEN

2 Port.

35 Min.

Leicht

**Zutaten**

400 g Romanesco
400 g Salatgurke
100 g Babyspinat
400 ml Gemüsebrühe
400 ml Kokosmilch
2 EL Öl
2 EL gelbe Currypaste
2 EL Limettensaft
1 TL brauner Zucker
Chiliflocken
Salz

**Nährwerte p. P.**

*639 kcal*
*17 g Kohlenhydrate*
*56 g Fett*
*11 g Eiweiß*

1 Zunächst den Romanesco waschen und in Röschen schneiden sowie den Stiel schälen und in kleine Stücke hacken. Danach den Spinat waschen und trocken tupfen sowie die Gurke schälen und der Länge nach vierteln. Die Kerne herauskratzen und anschließend schräg in Stifte schneiden.

2 Nun das Öl in einen großen Topf füllen, heiß werden lassen und danach die Currypaste einrühren und für etwa 1 Minute mit anschwitzen. Als Nächstes den Romanesco hinzugeben, für 30 Sekunden mitdünsten und dann mit der Brühe und der Kokosmilch aufgießen. Bei starker Hitzezufuhr aufkochen lassen und währenddessen mit Salz und Zucker abschmecken.

3 Nun den Topf mit einem Deckel abdecken und dein Eintopf bei mäßiger Hitze für etwa 6 bis 8 Minuten sanft kochen lassen. Nach Ende der Kochzeit die vorbereiteten Gurkenstifte hinzufügen, einrühren und für weitere 2 Minuten mitkochen.

4 Nochmals mit Salz sowie Limettensaft und Chiliflocken würzen und kurz vor dem Servieren den Blattspinat in den Topf füllen. Unter Rühren warm werden lassen und anschließend den Eintopf aus Asien direkt servieren und genießen.

# DEFTIGE NUDELN

 4 Port.
 40 Min.
 Leicht

**Zutaten**

300 g Nudeln (nach Wahl)
150 g Emmentaler (am Stück oder gerieben)
1 EL Olivenöl
1 TL gehackter Schnittlauch
Salz, Pfeffer

**Nährwerte p. P.**

*242 kcal*
*31 g Kohlenhydrate*
*10 g Fett*
*17 g Eiweiß*

1 Zunächst einen Topf mit Wasser befüllen und aufkochen lassen. Anschließend die Nudeln nach Packungsanleitung darin garen. In der Zwischenzeit den Käse (falls noch nicht gerieben) in sehr kleine Stücke schneiden sowie den Schnittlauch waschen, trocken tupfen und in feine Röllchen aufschneiden.

2 Nach Ende der Kochzeit die Nudeln in ein Sieb abgießen und abtropfen lassen.

3 Als Nächstes das Olivenöl in eine Pfanne geben, heiß werden lassen und die Nudeln hinein geben. Bei mäßiger Hitze kurz durchschwenken und anschließend den Käse hinzufügen. Den Käse und die Nudeln vorsichtig vermengen und danach mit Salz und Pfeffer würzen.

4 Die Nudeln bei mäßiger Hitze und unter Rühren erhitzen, bis der Käse geschmolzen ist und Fäden zieht. Abschließend den Schnittlauch darüber streuen und die fertigen Nudeln direkt servieren und heiß genießen.

# GRÜNE REIBEKUCHEN

4 Port.

20 Min.

Leicht

**Zutaten**

600 g Zucchini
200 g Haferflocken
70 g geriebenen Käse
2 Eier
2 Zwiebeln
2 Knoblauchzehen
100 ml Rapsöl
Etwas getrocknetes Basilikum
Salz, Pfeffer

**Nährwerte p. P.**

*525 kcal*
*41 g Kohlenhydrate*
*32 g Fett*
*19 g Eiweiß*

1 Zunächst die Zucchini schälen, die Enden abschneiden und mithilfe einer Reibe sehr fein raspeln. Anschließend die Zwiebeln und den Knoblauch schälen und jeweils in sehr kleine Stücke würfeln. Nun die Zucchiniraspeln in eine Schüssel geben, mit den Zwiebel- und Knoblauchwürfeln vermischen und die Haferflocken sowie den Käse hinzufügen. Alles gründlich miteinander vermengen und erst danach die Eier dazugeben und einrühren. Abschließend mit Basilikum, Salz und Pfeffer würzen und nochmals gründlich durchrühren.

2 Als Nächstes das Öl in eine große Pfanne füllen, heiß werden lassen und je 2 bis 3 EL der Zucchini-Masse portionsweise in die Pfanne geben. Etwas platt drücken und bei mäßiger Hitze für ca. 5 Minuten pro Seite ausbacken. Den Reibekuchen anschließend aus der Pfanne nehmen und kurz auf einem mit Küchenpapier ausgelegten Teller abtropfen lassen.

3 Die fertigen grünen Reibekuchen heiß servieren und direkt genießen.

# CHILI SIN CARNE

4 Port.

40 Min.

Leicht

**Zutaten**

400 g Linsen (aus der Dose)
400 g gehackte Tomaten (aus der Dose)
200 g Kidneybohnen (aus der Dose)
150 g Mais (aus der Dose)
4 Knoblauchzehen
2 Paprikaschoten
1 Zwiebel
3 EL Olivenöl
3 EL Wasser
3 EL Tomatenmark
1 EL Paprikapulver, edelsüß
1 TL Salz
1 TL Pfeffer
1 Schuss Sojasoße
1 Msp. Chilipulver

**Nährwerte p. P.**

*612 kcal*
*82 g Kohlenhydrate*
*11 g Fett*
*36 g Eiweiß*

1 Zunächst die Zwiebel und den Knoblauch schälen und jeweils klein schneiden. Anschließend die Paprika waschen, halbieren, das Kerngehäuse heraustrennen und in mundgerechte Stücke zerteilen. Danach die Linsen, die Bohnen und den Mais in ein Sieb abkippen, mit Wasser gründlich durchspülen und abtropfen lassen.

2 Als Nächstes das Öl in einen großen Topf geben, erhitzen und die vorbereiteten Zwiebeln sowie den Knoblauch darin glasig dünsten. Nun die Paprika hinzugeben und bei mäßiger Hitze für etwa 2 bis 3 Minuten mit anbraten. Im Anschluss das Tomatenmark in die Pfanne geben, für etwa eine Minute unter Rühren anschwitzen und dann mit dem Wasser ablöschen. Gründlich verrühren und mit den gehackten Tomaten aufgießen.

3 Danach die Linsen, den Mais und die Bohnen in die Pfanne geben und mit der Sojasoße, dem Paprikapulver und dem Chilipulver sowie Salz und Pfeffer würzen. Für etwa 20 Minuten bei schwacher Hitze sanft köcheln lassen und zwischenzeitlich umrühren.

4 Das fertige Chili sin Carne direkt servieren und heiß genießen.

# REISPFANNE

4 Port.

30 Min.

Leicht

**Zutaten**

350 g Tomaten
200 g Basmati-Reis
200 g Champignons
200 g Feta
50 g Schmand
2 Zwiebeln
1 rote Paprika
600 ml Wasser
50 ml Gemüsebrühe
2 EL Olivenöl
1 TL getrockneter Oregano
½ TL Paprikapulver, rosenscharf
Salz, Pfeffer

**Nährwerte p. P.**

*446 kcal*
*48 g Kohlenhydrate*
*20 g Fett*
*16 g Eiweiß*

1 Zunächst den Reis in einen Topf füllen, mit dem Wasser aufgießen und 1 TL Salz hinzugeben. Bei starker Hitzezufuhr aufkochen lassen und anschließend die Hitze reduzieren und den Reis bei geschlossenem Deckel für ca. 20 Minuten garen, bis das Wasser vollständig aufgenommen wurde. Nun den Topf von der Herdplatte ziehen und beiseitestellen.

2 Als Nächstes die Zwiebeln schälen und hacken sowie die Tomaten waschen, die Stielansätze entfernen und in mundgerechte Stücke würfeln. Im Anschluss die Paprika waschen, halbieren, das Kerngehäuse entfernen und die Schote in schmale Streifen zerteilen. Zum Schluss noch die Champignons putzen und in Scheiben schneiden.

3 Nun das Olivenöl in eine Pfanne geben, heiß werden lassen und anschließend die Zwiebeln darin glasig anschwitzen. Nach etwa 1 bis 2 Minuten die Paprikastreifen, die gehackten Zwiebeln und die Champignons dazugeben und bei mäßiger Hitze für 3 bis 4 Minuten anbraten. Zum Schluss die Tomaten mit in die Pfanne geben und alles mit Paprikapulver und Oregano bestäuben. Für ca. 5 Minuten erhitzen und zwischenzeitlich umrühren.

4 Das Gemüse nun mit der Brühe ablöschen und den Schmand hinzufügen. Gründlich verrühren und erst danach den Reis mit in die Pfanne füllen. Nochmals vermengen und mit Salz und Pfeffer abschmecken. Kurz vor dem Servieren den Feta über die fertige Reispfanne bröseln und direkt servieren.

# MEXIKANISCHE QUESADILLAS

6 Port. 25 Min. Leicht

**Zutaten**

**Für die Quesadillas:**
6 Weizen-Tortillas
2 Limetten
1 EL Öl
etwas Käsesoße o. ä. (nach Belieben)

**Für die Füllung:**
250 g Champignons
1 rote Zwiebel
1 Knoblauchzehe
1 Dose Kidneybohnen
1 Dose Mais
1 Bund frische Petersilie
3 EL Öl
2 EL Sojasoße
1 TL Paprikapulver, edelsüß
½ TL Kreuzkümmel
Salz, Pfeffer

**Nährwerte p. P.**

*366 kcal*
*48 g Kohlenhydrate*
*12 g Fett*
*12 g Eiweiß*

1 Zunächst die Zwiebel und den Knoblauch schälen und beides fein hacken. Anschließend die Bohnen und den Mais in ein Sieb abkippen, gründlich durchspülen und ausgiebig abtropfen lassen. Die Petersilie ebenfalls waschen, trocken tupfen und fein hacken. Zum Schluss noch die Champignons putzen und klein würfeln.

2 Als Nächstes das Öl in eine Pfanne füllen, heiß werden lassen und die Zwiebeln zusammen mit den Champignonwürfeln darin bei mäßiger Hitze anschwitzen. Nach ca. 5 Minuten den Knoblauch, den Mais, die Bohnen sowie die Petersilie hinzufügen und unter Rühren für etwa 2 bis 3 Minuten anbraten. Das Gemüse mit der Sojasoße ablöschen, mit Paprikapulver, Kreuzkümmel sowie Salz und Pfeffer würzen und abschließend die Pfanne von der Herdplatte nehmen und das Gemüse etwas abkühlen lassen.

3 Nun einige Tropfen Öl in eine zweite Pfanne geben und bei mäßiger Hitzezufuhr heiß werden lassen. Eine Tortilla in die Pfanne geben und auf eine Hälfte etwa 3 EL der Füllung streichen. Hierbei etwas Platz zum Rand lassen. Mit etwas Käsesoße beträufeln und die Tortilla zusammenklappen. Nun die Quesadillas von beiden Seiten für etwa 2 bis 3 Minuten goldbraun ausbacken, anschließend aus der Pfanne nehmen und mit einem Messer in zwei Hälften schneiden. Die restlichen Tortillas auf die gleiche Weise verarbeiten.

4 Zum Schluss die Limetten waschen, trocken reiben und in Viertel schneiden und zu den fertigen Quesadillas reichen.

# CURRY MIT SÜẞKARTOFFELN

4 Port.

40 Min.

Leicht

**Zutaten**

500 g Süßkartoffeln
400 g passierte Tomaten
250 g Basmati-Reis
200 g Zuckerschoten
3 Knoblauchzehen
2 Möhren
2 rote Zwiebeln
3 bis 4 cm frischen Ingwer
1 Limette
400 ml Kokosmilch
4 EL Erdnüsse
3 EL rote Currypaste
3 EL Kokosöl
1 TL gemahlener Kreuzkümmel
Salz, Pfeffer

**Nährwerte p. P.**

*835 kcal*
*106 g Kohlenhydrate*
*35 g Fett*
*18 g Eiweiß*

1 Zunächst den Reis nach Packungsanleitung garen. Anschließend bis zum weiteren Gebrauch beiseitestellen. Danach den Knoblauch und die Zwiebeln schälen und beides sehr fein hacken. Nun die Süßkartoffeln sowie die Möhren schälen. Die Möhren in dünne Scheiben schneiden und die Kartoffeln in gleichmäßige Würfel zerteilen.

2 Als Nächstes das Kokosöl in eine Pfanne füllen, erhitzen und dann die Zwiebeln und den Knoblauch bei mäßiger Hitze darin anschwitzen. Danach den Ingwer dazugeben, kurz andünsten und anschließend mit der Currypaste verrühren. Für ca. 2 bis 3 Minuten anschwitzen und erst danach die Möhrenscheiben sowie die Süßkartoffeln mit in die Pfanne füllen. Mit dem Kreuzkümmel bestäuben und gründlich mit der Currypaste vermengen.

3 Unter zwischenzeitlichem Rühren für ca. 3 bis 4 Minuten anbraten und danach mit der Kokosmilch sowie den passierten Tomaten ablöschen. Nun mit Salz und Pfeffer würzen und bei mäßiger Hitzezufuhr und geschlossenem Deckel für etwa 20 Minuten leise kochen lassen. Nach Ablauf der Kochzeit die Zuckerschoten waschen und putzen und mit in die Pfanne geben. Untermischen und nochmals für etwa 5 Minuten kochen lassen.

4 Abschließend die Limette waschen und vierteln sowie die Erdnüsse grob hacken. Das fertige Curry auf vier Teller verteilen, mit einigen Erdnüssen bestreuen und zusammen mit den Limetten servieren.

# DEFTIGES ROSENKOHL-OMELETT

2 Port.

35 Min.

Leicht

**Zutaten**

450 g Rosenkohl
100 g Feta
30 g Kürbiskerne
20 g Butter
4 Eier
2 EL Sahne
Etwas geriebene Muskatnuss
Etwas frische Petersilie
Salz, Pfeffer

**Nährwerte p. P.**

*557 kcal*
*10 g Kohlenhydrate*
*40 g Fett*
*33 g Eiweiß*

1 Zunächst den Rosenkohl waschen, die äußere Blattschicht entfernen und den Strunk abschneiden. Nun einen Topf zur Hälfte mit Wasser befüllen und aufkochen lassen. Den vorbereiteten Rosenkohl in ein Sieb geben, das Sieb in den Topf hängen und den Topf mit einem Deckel verschließen. Den Rosenkohl für ca. 6 bis 8 Minuten Dampfgaren und anschließend etwas abkühlen lassen sowie mit Salz und Pfeffer bestreuen.

2 Als Nächstes die Eier in eine Schüssel geben, mit der Sahne verquirlen und mit Muskat, Salz und Pfeffer würzen. Nun die Kürbiskerne grob zerhacken sowie den Feta in kleine Würfel schneiden.

3 Anschließend die Butter in eine große Pfanne füllen, heiß werden lassen und den Rosenkohl bei mäßiger Hitze für ca. 1 bis 2 Minuten darin schwenken. Danach den Sahne-Ei-Mix dazugießen, den Feta darüber streuen und die Kürbiskerne hinzufügen. Die Pfanne mit einem Deckel verschließen und das Omelett bei schwacher Hitze für 6 bis 7 Minuten ausbacken.

4 In der Zwischenzeit die Petersilie waschen, trocken schütteln und hacken. Das fertige Omelett aus der Pfanne nehmen, in Viertel zerteilen und mit etwas Petersilie bestreut servieren.

# LINSEN-CURRY MIT TOFU

4 Port.

30 Min.

Leicht

**Zutaten**

300 g rote Linsen
250 g Tofu
20 g frischen Koriander
10 g Ingwer
4 Pak Choi
1 Zwiebel
1 Knoblauchzehe
400 ml Kokosmilch
200 ml Gemüsebrühe
2 EL Öl
Etwas Currypulver
Etwas Zimt
Salz, Pfeffer

**Nährwerte p. P.**

*591 kcal*
*50 g Kohlenhydrate*
*29 g Fett*
*32 g Eiweiß*

1 Zunächst die Zwiebel, den Knoblauch und den Ingwer schälen und jeweils in kleine Stücke hacken. Danach den Tofu in mundgerechte Stücke zerschneiden sowie den Pak Choi waschen, den Strunk abtrennen und in Achtel zerteilen. Zum Schluss noch die Linsen in ein Sieb abgießen, abspülen und abtropfen lassen.

2 Als Nächstes das Öl in eine Pfanne füllen, heiß werden lassen und die Zwiebeln zusammen mit dem Ingwer, dem Knoblauch und dem Tofu darin anbraten. Währenddessen mit Curry, Zimt sowie Salz und Pfeffer bestreuen und erst danach den Pak Choi mit in die Pfanne geben. Für ca. 2 bis 3 Minuten mit andünsten und anschließend die Linsen hinzufügen und alles mit der Kokosmilch sowie der Gemüsebrühe begießen. Bei mäßiger Hitzezufuhr für ca. 10 bis 15 Minuten leise köcheln lassen.

3 Währenddessen den Koriander waschen, trocken tupfen und die Blätter von den Stielen zupfen. Das fertige Curry gegebenenfalls nochmals mit Salz und Pfeffer abschmecken, mit dem Koriander toppen und direkt servieren und genießen.

# PASTA-POT

4 Port.

25 Min.

Leicht

**Zutaten**

500 g Bandnudeln
80 g geriebenen Parmesan
2 Knoblauchzehen
1 Bund frische Petersilie
750 ml Milch
500 ml Wasser
2 EL Öl
2 TL Gemüsebrühe-Pulver
Etwas geriebene Muskatnuss
Salz, Pfeffer

**Nährwerte p. P.**

*880 kcal*
*112 g Kohlenhydrate*
*24 g Fett*
*49 g Eiweiß*

1 Zunächst den Knoblauch schälen und fein hacken. Anschließend das Öl in einen Topf geben, heiß werden lassen und den Knoblauch für 1 bis 2 Minuten darin anschwitzen. Anschließend mit der Milch und dem Wasser aufgießen, die Brühe hinzufügen und kräftig einrühren. Nun die ungekochten Nudeln mit in den Topf füllen und bei starker Hitzezufuhr aufkochen lassen. Für etwa 15 bis 18 Minuten kochen lassen und zwischenzeitlich umrühren.

2 In der Zwischenzeit die Petersilie waschen, trocken tupfen und grob hacken. Nach Ablauf der Garzeit den Parmesan zu den Nudeln geben und untermischen. Die Pasta mit Muskat, Salz und Pfeffer würzen, mit der Petersilie bestreuen und heiß servieren.

# RAVIOLI

2 Port.

30 Min.

Leicht

**Zutaten**

250 g Ravioli
2 Stangen Sellerie
2 Möhren
2 Knoblauchzehen
1 Zwiebel
1 Dose gehackte Tomaten
300 ml Gemüsebrühe
2 EL Olivenöl
Etwas Zucker
Etwas getrockneten Oregano
Salz, Pfeffer

**Nährwerte p. P.**

*310 kcal*
*23 g Kohlenhydrate*
*17 g Fett*
*15 g Eiweiß*

1 Zunächst den Sellerie waschen, die Enden abtrennen und in kleine Stücke zerteilen. Nun die Möhren schälen und in dünne Scheiben aufschneiden. Anschließend die Zwiebel und den Knoblauch schälen und jeweils hacken.

2 Als Nächstes das Öl in einen Topf füllen, heiß werden lassen und die Zwiebeln zusammen mit dem Knoblauch darin glasig anschwitzen. Nach etwa 1 Minute das restliche Gemüse hinzugeben und für ca. 3 Minuten andünsten.

3 Das gedünstete Gemüse im Anschluss mit den gehackten Tomaten und der Brühe aufgießen und bei mäßiger Hitzezufuhr für etwa 10 Minuten garen. Zwischenzeitlich umrühren sowie mit Oregano, Zucker, Salz und Pfeffer abschmecken.

4 Nach Ende der Garzeit die Ravioli zur Soße geben und für etwa 5 Minuten darin erhitzen. Zum Abschluss die fertigen Ravioli auf zwei Tellern verteilen, servieren und direkt genießen.

# Internationale Häfen

Sie haben in einem fremden Land angelegt und möchten etwas landestypisches Kochen? Hier finden Sie für einige Länder eine leckere Inspiration.

# NORWEGEN – FISKE SUPPE
## (FISCHSUPPE)

Norwegen ist ein skandinavisches Land, das insbesondere durch seine tief eingeschnittenen Küsten Fjorde, Gletscher und Berge fasziniert. Norwegen stellt daher vor allem für Wanderer, Angler und Wintersportler ein gern gewähltes Reiseziel dar.

Die norwegische Küche ist traditionell besonders durch Fischgerichte geprägt, doch auch Rezepte mit Wild und frischen, regionalen Beeren wie Preisel- und Moltebeeren finden ihren Platz darin.

4 Port.

45 Min.

Mittel

**Zutaten**

600 g Fisch (nach Wahl: Kabeljau, Lachs, Schellfisch, Heilbutt)
200 g Möhren
150 g Knollensellerie
3 Eigelbe
2 Zwiebeln
1 Kartoffel
1 Stange Lauch
1 Staudensellerie
½ Zitrone
1 l Fischfond
125 ml saure Sahne
125 ml süße Sahne
Etwas frische Petersilie
Salz, Pfeffer

**Nährwerte p. P.**

*407 kcal*
*13 g Kohlenhydrate*
*25 g Fett*
*30 g Eiweiß*

1 Zunächst die Zwiebeln schälen und fein hacken. Anschließend die Möhren, den Sellerie und die Kartoffel schälen und in gleichmäßige Stücke würfeln sowie den Lauch putzen und in Streifen schneiden. Danach den Fischfond in einen großen Topf geben, erhitzen und das vorbereitete Gemüse hinein geben. Bei mäßiger Hitze für etwa 12 bis 15 Minuten kochen.

2 In der Zwischenzeit den Fisch unter fließendem Wasser abspülen, mit einem Küchenpapier abtupfen und mit dem Zitronensaft beträufeln und mit Salz bestreuen. Nun den Fisch in mundgerechte Stücke zerteilen und dann zum Gemüse in den Topf geben. Für weitere 10 bis 12 Minuten bei schwacher Hitzezufuhr garen.

3 Währenddessen die Eigelbe in ein Gefäß geben, mit der süßen und der sauren Sahne sowie ½ Tasse heißem Fischfond verquirlen. Den Sahne-Eigelb-Mix nun langsam in die Suppe eingießen, einrühren und aufpassen, dass diese nicht mehr aufkocht. Zum Schluss noch die Petersilie waschen, trocken tupfen und hacken.

4 Die fertige Fiske suppe mit Salz und Pfeffer würzen, mit der Petersilie bestreuen und heiß servieren.

# SCHWEDEN – SOMMARSOPPA

## (LEICHTE SOMMERSUPPE)

Schweden ist ein skandinavisches Land, das im Landesinneren unzählige Seen, Berge, Gletscher sowie riesige Nadelwälder vorweist. Darüber hinaus umfasst Schweden tausende Inseln, die der Küste vorgelagert sind.

Die schwedische Küche ist einfach und durch regionale Gegebenheiten geprägt. In vielen traditionellen Gerichten ist Fisch oder Wildfleisch zu finden, in Kombination mit regionalem Gemüse, Beeren, Pilzen oder Kräutern. Durch den vergleichsweise kurzen Sommer und dem längeren Winter finden häufig auch Suppen und Eintöpfe ihren Platz in der schwedischen Küche.

4 Port.

30 Min.

Mittel

**Zutaten**

200 g Lachsfilet
3 große Kartoffeln
1 Stange Lauch
750 ml Gemüsebrühe
100 ml Sahne
3 EL gehackter Dill
2 EL Butter
Salz, Pfeffer

**Nährwerte p. P.**

*323 kcal*
*18 g Kohlenhydrate*
*21 g Fett*
*15 g Eiweiß*

1 Zunächst die Kartoffeln schälen und in mundgerechte Stücke zerschneiden. Anschließend den Lauch putzen, die Enden abtrennen und in Ringe aufschneiden.

2 Als Nächstes die Butter in einen Topf geben, heiß werden lassen und den Lauch zusammen mit den Kartoffeln darin bei mäßiger Hitzezufuhr dünsten. Nach etwa 3 bis 4 Minuten mit der Gemüsebrühe aufgießen und für etwa 15 Minuten leise köcheln lassen. In der Zwischenzeit den Lachs in mundgerechte Stücke zerteilen.

3 Nach Ende der Kochzeit die Suppe bei Bedarf ganz kurz mithilfe eines Pürierstabs anpürieren und anschließend den Lachs unterrühren. Nochmals für ca. 5 Minuten bei schwacher Hitze ziehen lassen und im Anschluss die Sahne hinzufügen und unterziehen. Zum Abschluss mit Salz und Pfeffer abschmecken.

4 Die fertige Sommarsoppa mit dem frischen Dill bestreuen, servieren und heiß genießen.

# FINNLAND – LOHIKEITTO

## (LACHSEINTOPF)

Finnland ist ein Land im Norden Europas und grenzt an Schweden, Norwegen und Russland. Durch die hohe Breitenlage erscheint Ende Juli bzw. Anfang August die Mitternachtssonne, wodurch es nicht dunkel wird. Als Pendant dazu steht die Polarnacht am 21. Dezember. An diesem Tag geht die Sonne gar nicht auf bzw. ist nur sehr kurz zu sehen. Ein weiteres Highlight sind die Polarlichter, deren magisches Leuchten den finnischen Himmel ab Ende August bis Anfang April erleuchten lassen.

Die finnische Küche ist geprägt durch seinen historischen Werdegang und beinhaltet daher viele russische und schwedische Einflüsse. Typischerweise finden sowohl Fisch als auch Fleisch, insbesondere Wild in Verbindung mit Brot und Kartoffeln Verwendung. Oftmals wird nur mit Salz gewürzt und nur wenige, andere Gewürze genutzt.

 4 Port.
 30 Min.
 Mittel

**Zutaten**

350 g Lachsfilet
3 Kartoffeln
2 Möhren
1 Zitrone
1 Lorbeerblatt
1 Bund frischen Dill
½ Stange Lauch
500 ml Gemüsebrühe
200 ml Sahne
2 EL Butter
Salz, Pfeffer

**Nährwerte p. P.**

*424 kcal*
*16 g Kohlenhydrate*
*29 g Fett*
*24 g Eiweiß*

1 Zunächst den Lauch putzen, die Enden abtrennen und in schmale Ringe zerteilen. Danach die Kartoffeln und die Möhren schälen und jeweils klein würfeln. Als Nächstes die Butter in einen Topf geben, erhitzen und den Lauch bei mäßiger Hitze darin anschwitzen. Nach 2 bis 3 Minuten die Möhren- und Kartoffelstückchen dazugeben und für weitere 5 Minuten mit anbraten.

2 In der Zwischenzeit die Zitrone waschen, trocken reiben und eine Scheibe abschneiden. Diese Zitronenscheibe zusammen mit dem Lorbeerblatt mit in den Topf legen und anschließend mit der Gemüsebrühe auffüllen. Bei mäßiger Hitze für ca. 20 Minuten leise kochen lassen.

3 Währenddessen den Dill waschen, trocken tupfen und hacken sowie den Lachs in mundgerechte Stücke zerteilen.

4 Kurz vor Ende der Kochzeit die Zitronenscheibe sowie das Lorbeerblatt aus dem Topf nehmen. Nun die Sahne unterziehen und alles zusammen kurz aufkochen lassen. Im Anschluss den Lachs und ca. die Hälfte vom Dill mit in die Suppe geben und bei schwacher Hitze für etwa 2 bis 3 Minuten ziehen lassen.

5 Die fertige Lohikeitto auf vier Teller verteilen, mit dem restlichen Dill bestreuen und heiß genießen.

# GRIECHENLAND – FASOLADA

## (BOHNENSUPPE)

Griechenland ist eine Balkanhalbinsel im Mittelmeer und umfasst eine Vielzahl von Inseln im Ägäischen und Ionischen Meer. Sowohl das Festland als auch die Inseln stellen ein beliebtes Reiseziel dar und bestechen durch ihre Vielfältigkeit.

Die griechische Küche zählt zu der mediterranen Küche und besticht insbesondere durch viel Gemüse, Meeresfrüchte, Fisch und Oliven, die ihren Einsatz bei leckeren Gerichten vom Grill oder in Form von herzhaften Eintöpfen finden.

2 Port.

35 Min.

Mittel

### Zutaten

300 g weiße Bohnen
3 Möhren
2 Lorbeerblätter
1 Zwiebel
1 Spitzpaprika
1 Kartoffel
1 getrocknete Chilischote
1 Knoblauchzehe
100 ml passierte Tomaten
50 ml Olivenöl + 2 EL
1 EL Tomatenmark
1 TL Paprikapulver, edelsüß
Etwas frische Petersilie
Salz, Pfeffer

### Nährwerte p. P.

*669 kcal*
*83 g Kohlenhydrate*
*25 g Fett*
*18 g Eiweiß*

1 Zunächst am Vorabend die Bohnen in eine Schüssel geben und mit reichlich kaltem Wasser aufgießen. Die Bohnen über Nacht quellen lassen und am nächsten Tag durch ein Sieb abgießen. Einen Topf mit Wasser befüllen, salzen und die Bohnen hineingeben. Bei mäßiger Hitze aufkochen lassen und die Bohnen für etwa 30 Minuten kochen. In der Zwischenzeit die Zwiebel und den Knoblauch schälen und klein hacken sowie Möhren schälen und in Scheiben schneiden. Danach die Paprika waschen, das Kerngehäuse entfernen und die Schoten in Würfel schneiden. Zum Schluss noch die Kartoffel schälen sowie die Chilischote aufschneiden und die Kerne entfernen.

2 Als Nächstes 2 EL Olivenöl in einen Topf füllen, heiß werden lassen und das vorbereitete Gemüse (außer die Kartoffel und die Bohnen) bei mäßiger Hitze darin andünsten. Nach 2 bis 3 Minuten das Tomatenmark dazugeben, kurz anrösten und danach die Bohnen und die Kartoffel mit in den Topf füllen. Nun mit den passierten Tomaten aufgießen und nach Bedarf mit Wasser auffüllen. Hierbei sollten die Bohnen in etwa 2 cm bedeckt sein. Zum Schluss noch die Lorbeerblätter hinzufügen und mit etwas Paprikapulver würzen. Bei schwacher Hitze für etwa 30 bis 60 Minuten sanft köcheln lassen, bis die Bohnen weich sind. Hierbei darauf achten, dass stets genug Flüssigkeit im Topf ist und bei Bedarf Wasser nachgeben. Sobald die Bohnen weich sind und die Soße etwas andickt, das Olivenöl hinzufügen und einrühren und die Suppe leicht salzen. Nun die Kartoffel mit etwas Suppenflüssigkeit aus dem Topf nehmen und mithilfe einer Gabel fein zerdrücken. Im Anschluss zurück in den Kopf geben und gründlich untermischen.

3 Als Nächstes die Petersilie waschen, trocken tupfen und hacken. Die fertige Fasolada auf zwei Tellern anrichten, mit etwas Pfeffer bestreuen sowie mit Petersilie garnieren und direkt genießen.

# TÜRKEI – MERCIMEK CORBASI
## (LINSENEINTOPF)

Die Türkei ist ein Land im mittleren Osten und unterteilt sich in sieben Zonen, die starke Unterschiede in ihrer Vegetation und dem Klima aufweisen. Nicht nur aufgrund dieser Vielseitigkeit, sondern auch durch die spannende Historie in Kombination mit faszinierender Moderne gilt die Türkei als ein sehr beliebtes Reiseziel und wird von Urlaubern und Touristen vor allem auch für seine Gastfreundlichkeit geschätzt.

Die türkische Küche hat ihren Ursprung in der nomadischen Küche der Turkvölker und wurde mit der Zeit von verschiedenen Einflüssen wie beispielsweise der persischen oder indischen Küche geprägt. Die inzwischen hauptsächlich osmanische Küche zeichnet sich durch einzigartige Aromen in Fleischgerichten mit Lamm oder Hammel, herzhaften Suppen und leckeren Süßspeisen aus.

4 Port. 40 Min. Mittel

**Zutaten**

250 g rote Linsen
1 Kartoffel
1 Möhre
1 Zwiebel
1 Knoblauchzehe
1 ½ l Wasser
2 EL Butter
1 EL Tomatenmark
1 TL getrocknete Minze
½ bis 1 TL Pul Biber (gemahlene, getrocknete Chili)
Etwas Zitrone
Salz, Pfeffer

**Nährwerte p. P.**

*299 kcal*
*42 g Kohlenhydrate*
*5 g Fett*
*18 g Eiweiß*

1 Zunächst die Zwiebel und den Knoblauch schälen und jeweils fein hacken. Anschließend die Möhre und die Kartoffel schälen und beides in gleichmäßige Stücke würfeln. Danach das Wasser in einen Topf füllen, das vorbereitete Gemüse sowie die Linsen hineingeben und bei mäßiger Hitze für ca. 25 bis 30 Minuten kochen. Währenddessen mit Salz und Pfeffer würzen.

2 Als Nächstes die Butter in einen kleinen Topf geben, heiß werden lassen und das Tomatenmark dazugeben. Nun die getrocknete Minze und die Pul Biber hinzufügen und alles zusammen unter Rühren anschwitzen. Die Butter-Gewürz-Mischung anschließend vom Herd nehmen und beiseitestellen.

3 Nach Ende der Kochzeit die Suppe mithilfe eines Pürierstabs gründlich durchmixen und anschließend den Butter-Gewürz-Mix hinzufügen und unterrühren.

4 Die fertige Mercimek Corbasi mit Zitronensaft, Salz und Pfeffer abschmecken und direkt servieren.

# HOLLAND – MOSTERDSOEP

## (SENFSUPPE)

Die Niederlande sind ein Land im Nordwesten Europas. Die Niederlande weisen eine relativ flache Landschaft auf, die von einer Vielzahl von Kanälen durchzogen ist. Sinnbildlich stehen die Niederlande für bunte Tulpenfelder, unzählige Windmühlen und bieten vor allem für Radfahrer aufgrund der vielen Radwege eine grandiose Anlaufstelle.

Die holländische Küche ist in der Regel schlicht und einfach und dennoch vielfältig. Typischerweise gibt es in einem Gericht Fisch oder Fleisch sowie regionales Gemüse. Häufig finden auch Milchprodukte wie Butter, Joghurt und Käse Verwendung.

4 Port.

20 Min.

Leicht

**Zutaten**

200 g Crème fraîche
1 Bund Frühlingszwiebeln
1 l Gemüsebrühe
2 EL Butter
2 EL Mehl
2 EL grober Senf
2 EL feiner Senf
Etwas Lauch (oder Porree)
Salz, Pfeffer

**Nährwerte p. P.**

*218 kcal*
*7 g Kohlenhydrate*
*20 g Fett*
*3 g Eiweiß*

1 Zunächst die Frühlingszwiebeln und den Porree putzen, die Enden abtrennen und in Streifen schneiden. Anschließend die Butter in einen Topf geben, heiß werden lassen und das vorbereitete Gemüse bei mäßiger Hitzezufuhr darin anschwitzen.

2 Als Nächstes das Mehl mit in den Topf geben, kurz unter Rühren anschwitzen und anschließend mit der Gemüsebrühe aufgießen. Gründlich verrühren und für ca. 10 Minuten bei schwacher Hitze leise kochen lassen.

3 Nach Ablauf der Kochzeit die Crème fraîche und beide Senfsorten mit in den Topf geben, unterziehen und die Suppe mit Salz und Pfeffer abschmecken. Die fertige Mosterdsoep servieren und heiß genießen.

# ITALIEN – SPAGHETTI AGLIO E OLIO

## (SPAGHETTI MIT ÖL UND KNOBLAUCH)

Italien ist ein europäisches Land, das durch seine lange Mittelmeerküste besticht. Während in Alpennähe eher ein kühleres Klima herrscht, weist das restliche Italien eher warme bis heiße Temperaturen auf und fasziniert durch Kultur, Historie und malerischen Landschaften voller Olivenbäume, Zypressen und Pinien.

Die italienische Küche ist geprägt von ihren verschiedenen Regionen und zeichnet sich insbesondere durch regionales Gemüse, Kräuter, Oliven sowie Käse und Wein aus. Doch auch die typische Pasta und Pizza sind charakteristisch für Italiens Küche.

4 Port.

25 Min.

Leicht

**Zutaten**

400 g Spaghetti
6 Knoblauchzehen
2 rote Chilischoten
½ Bund glatte Petersilie
6 EL Olivenöl
Salz, Pfeffer

**Nährwerte p. P.**

*550 kcal*
*73 g Kohlenhydrate*
*22 g Fett*
*13 g Eiweiß*

1 Zunächst einen großen Topf mit Wasser befüllen, salzen und die Spaghetti nach Packungsanleitung garen.

2 Währenddessen den Knoblauch schälen und in dünne Scheiben schneiden sowie die Chilischoten der Länge nach aufschneiden, die Kerne herauskratzen und in schmale Streifen schneiden. Anschließend die Petersilie waschen, trocken tupfen und hacken.

3 Nach Ende der Kochzeit die fertigen Spaghetti in ein Sieb abgießen, kurz abtropfen lassen und in der Zwischenzeit das Öl in eine Pfanne geben und erhitzen. Nun den Knoblauch und die Chilistreifen bei mäßiger Hitze für 2 bis 3 Minuten darin anschwitzen und danach die Petersilie hinzufügen. Zum Abschluss die Spaghetti mit in die Pfanne geben, alles ausgiebig schwenken und mit Salz und Pfeffer abschmecken.

4 Die fertigen Spaghetti aglio e olio direkt servieren und sofort genießen.

# SPANIEN – TORTILLA
## (OMELETT MIT KARTOFFELN)

Spanien ist ein europäisches Land auf der Iberischen Halbinsel und teilt sich in 17 verschiedene Regionen, in denen teils sogar Regionalsprachen gesprochen werden. Insbesondere in den heißen Sommermonaten wird in Spanien zudem die bekannte „Siesta“ gehalten, eine Pause zur Mittagszeit, um den hohen Temperaturen auszuweichen.

Die spanische Küche setzt sich aus verschiedenen Elementen der Tradition und der Moderne aus. Aufgrund des warmen Klimas werden häufig kleinere Mahlzeiten, so genannte „Tapas“ zum abendlichen Bier oder Wein serviert. Darüber hinaus findet man auch Fleisch, Gemüse und Gerichte mit Eiern auf dem Speiseplan.

2 Port.

1 Std. 10 Min.

Leicht

**Zutaten**

8 Eier
4 Kartoffeln
1 Zwiebel
Etwas Olivenöl
Salz, Pfeffer

**Nährwerte p. P.**

*407 kcal*
*31 g Kohlenhydrate*
*21 g Fett*
*22 g Eiweiß*

1 Zunächst die Kartoffeln schälen und in kleine Würfel schneiden. Anschließend etwas Öl in eine Pfanne geben, heiß werden lassen und die Kartoffeln bei mäßiger Hitzezufuhr darin anbraten. Nach etwa 8 bis 10 Minuten die fertigen Kartoffeln auf einen mit Küchenpapier ausgelegten Teller kippen und abtropfen lassen.

2 Als Nächstes die Zwiebel schälen und in Streifen schneiden. Erneut etwas Öl in die Pfanne geben und die Zwiebeln ebenfalls bei mäßiger Hitze für ca. 15 bis 20 Minuten goldbraun anbraten. Die Zwiebeln anschließend aus der Pfanne nehmen und beiseitestellen.

3 Nun die Eier in eine Schüssel geben, leicht salzen und pfeffern und die Zwiebeln sowie die Kartoffeln zur Ei-Masse geben. Gründlich verrühren und für ca. 15 Minuten ruhen lassen.

4 Danach die Ei-Masse in die Pfanne gießen und bei schwacher bis mäßiger Hitze langsam garen. Nach etwa 5 bis 7 Minuten (wenn die Oberfläche schon ausreichend gestockt ist) die Tortilla auf einen großen Teller stürzen und anschließend zurück in die Pfanne geben. Und nochmals für 6 bis 8 Minuten weiter garen.

5 Die fertige Tortilla erneut auf einen Teller stürzen und für etwa 10 Minuten ruhen lassen. Die lauwarme Tortilla in Viertel schneiden und genießen.

# DÄNEMARK – HAKKEBOEF

## (FRIKADELLEN)

Dänemark ist ein Land in Skandinavien, das neben dem Festland auch zahlreiche Inseln umfasst. Darüber hinaus ist Dänemark durch die Öresundbrücke mit Schweden verbunden. Dänemark steht für beeindruckende Fjorde, meterhohe Dünen und scheinbar endlose Strände.

Die dänische Küche wird vor allem in den Hauptmahlzeiten von Fisch und Fleisch geprägt. Darüber hinaus finden sich jedoch auch Molkereiprodukte und verschiedene Backspezialitäten in der dänischen Esskultur wieder.

4 Port.

30 Min.

Leicht

**Zutaten**

600 g Hackfleisch
500 g Zwiebeln
250 g Sahne
2 TL Mehl
1 Schuss Milch
Etwas Butter (zum Braten)
Zuckercouleur
Salz, Pfeffer

**Nährwerte p. P.**

*571 kcal*
*9 g Kohlenhydrate*
*45 g Fett*
*32 g Eiweiß*

1 Zunächst das Hackfleisch mit den Händen zu sechs Bällchen je 100 g formen und diese äußerlich mit Salz und Pfeffer würzen. Anschließend die Zwiebeln schälen und in feine Ringe aufschneiden.

2 Als Nächstes die Butter in eine Pfanne geben, heiß werden lassen und die Zwiebelringe bei mäßiger Hitze darin goldbraun anbraten. Nun die Zwiebeln aus der Pfanne nehmen, die Hackbällchen in die bereits verwendete Pfanne legen und bei Bedarf noch etwas zusätzliche Butter mit hineingeben. Die Hackbällchen nun für ca. 10 bis 12 Minuten rundherum anbraten und im Anschluss aus der Pfanne nehmen, beiseitestellen und warm halten.

3 Für die Soße nun die gebratenen Zwiebeln zurück in die Pfanne geben, nochmals kurz erhitzen und dann mit der Sahne aufgießen. Nun das Mehl in ein kleines Gefäß geben, mit etwas Milch verrühren und anschließend zur Sahne in die Pfanne gießen. Gründlich einrühren und kurz aufkochen lassen. Anschließend die Hitzezufuhr reduzieren, mit Salz und Pfeffer würzen und nochmals für etwa 5 bis 10 Minuten ziehen lassen.

4 Die fertige Zwiebelsoße vom Herd nehmen, mit der Zuckercouleur einfärben und gründlich umrühren. Das fertige Hakkeboef zusammen mit der Zwiebelsoße servieren und heiß genießen.

# FRANKREICH – RATATOUILLE
## (GEMÜSEEINTOPF)

Frankreich ist ein westeuropäisches Land, welches allein durch seinen Charme ein beliebtes Reiseziel ist. Frankreich hat eine beeindruckende Geschichte, historische Bauten und bietet insbesondere im Bereich Kunst und Mode ein breites Spektrum an Sehenswürdigkeiten. Doch auch landschaftlich kann Frankreich durch seine lange Küste und der weiten Hügellandschaft einiges bieten.

Die französische Küche gilt im Allgemeinen als eine gehobene Küche und bildet zudem auch den Ursprung der Haute Cuisine. Dennoch lassen sich auch in der französischen Küche einfache, traditionelle Gerichte finden, die klassischerweise aus regionalem Gemüse, einheimischen Kräutern sowie Fisch und Fleisch bestehen.

4 Port.

2 Std. 10 Min.

Leicht

**Zutaten**

400 g reife Tomaten
3 Knoblauchzehen
3 Paprika (1 rote, 1 gelbe, 1 grüne)
2 Zweige Thymian
1 Aubergine
1 Zucchini
1 Schalotte
1 Handvoll Basilikumblättchen
¼ Bund glatte Petersilie
100 ml Olivenöl
Etwas Ahornsirup
Salz, Pfeffer

**Nährwerte p. P.**

*314 kcal*
*16 g Kohlenhydrate*
*24 g Fett*
*4 g Eiweiß*

1 Zunächst die Schalotte und den Knoblauch schälen und jeweils fein hacken sowie die Petersilie und den Thymian waschen und trocken tupfen. Anschließend die Aubergine schälen, die Enden abtrennen und in mundgerechte Stücke schneiden. Danach die Zucchini waschen, ebenfalls die Enden abschneiden und in kleine Würfel zerteilen. Nun die Paprika waschen, das Kerngehäuse entfernen und in Spalten schneiden sowie Tomaten waschen, die Stielansätze heraustrennen und das Fruchtfleisch hacken.

2 Als Nächstes das Öl in einen Topf geben, heiß werden lassen und die Aubergine und den Knoblauch darin bei mäßiger Hitze anbraten. Nach 1 bis 2 Minuten die Schalotten und die Paprika dazugeben und ebenfalls mit andünsten. Nun die Zucchini und die Tomaten hinzufügen und mit dem Ahornsirup beträufeln. Die Kräuter mit in die Pfanne legen und alles zusammen bei schwacher Hitze für ca. 2 Stunden schmoren lassen. Hierbei den Topfdeckel nur leicht auflegen und das Gemüse gelegentlich umrühren.

3 Nach Ende der Garzeit das fertige Ratatouille mit Salz und Pfeffer würzen, mit dem Basilikumblättchen bestreuen und heiß servieren.

# Snacks & Fingerfood

# PIKANTES IM GLAS

4 Port.

30 Min.

Leicht

**Zutaten**

600 griechischer Joghurt
100 g Champignons
75 g Crème fraîche
2 Bund Lauchzwiebeln
1 Handvoll Kirschtomaten
1 Knoblauchzehe
2 EL gehackten Schnittlauch
1 TL Butter
Salz, Pfeffer

**Nährwerte p. P.**

*62 kcal*
*5 g Kohlenhydrate*
*3 g Fett*
*4 g Eiweiß*

1 Zunächst einen Topf mit Wasser befüllen, etwas Salz hinzugeben und aufkochen lassen. In der Zwischenzeit die Lauchzwiebeln putzen, die Enden abtrennen und den Rest schräg in ca. 10 cm lange Stücke schneiden. Die Lauchzwiebeln in das kochende Salzwasser geben und bei mäßiger Hitze für etwa 3 bis 4 Minuten köcheln lassen. Nach Ende der Garzeit die Lauchzwiebeln in ein Sieb abgießen und abtropfen lassen.

2 Danach die Champignons putzen und in sehr dünne Scheiben schneiden. Danach die Butter in eine kleine Pfanne geben, bei mäßiger Hitze schmelzen lassen und die Champignonscheiben in der heißen Butter anschwitzen. Nun die Knoblauchzehe schälen und im Ganzen zu den Champignons mit in die Pfanne geben. Zum Schluss noch mit Salz und Pfeffer bestreuen und dann die Pfanne vom Herd nehmen.

3 Als Nächstes den Joghurt in eine Schale geben, die Crème fraîche hinzufügen, mit Salz und Pfeffer würzen und gründlich verquirlen.

4 Abschließend die Tomaten waschen und halbieren. Nun vier hohe Gläser bereitstellen und schichtweise die Joghurtcreme, die Lauchzwiebeln und die Champignons einfüllen. Mit den Tomatenhälften abschließen und mit etwas Schnittlauch bestreuen. Wahlweise warm oder kalt servieren.

# FRISCHE TOMATEN MIT FÜLLUNG

 4 Port.

 20 Min.

Leicht

**Zutaten**

100 g Zartweizen
100 g Mozzarella
4 große Tomaten
3 Schalotten
1 Zucchini
1 kleine Handvoll Basilikumblättchen
4 EL Olivenöl
1 EL Balsamico
Salz, Pfeffer

**Nährwerte p. P.**

*261 kcal*
*2 g Kohlenhydrate*
*21 g Fett*
*17 g Eiweiß*

1 Zunächst den Zartweizen nach Packungsanleitung kochen. In der Zwischenzeit die Zucchini waschen, die Enden abtrennen und in Stifte schneiden. Anschließend die Schalotten schälen und hacken sowie den Mozzarella würfeln.

2 Den fertigen Zartweizen in eine große Schüssel geben und mit den anderen vorbereiteten Zutaten vermengen. Als Nächstes das Olivenöl und den Balsamico dazugeben und mit Salz und Pfeffer würzen. Zum Schluss noch das Basilikum waschen, trocken tupfen, grob hacken und unter die Zartweizen-Füllung heben.

3 Nun die Tomaten waschen und um den Stielansatz herum eine Art Deckel abschneiden. Die Tomaten vorsichtig mithilfe eines Löffels aushöhlen und das Fruchtfleisch herauslöffeln. Mit etwas Salz und Pfeffer ausstreuen und anschließend die Zartweizen-Füllung in die Tomaten streichen.

4 Die fertigen Tomaten wahlweise kalt oder lauwarm servieren und genießen.

# GARNELEN-SNACK

 5 Port.
 2,5 Std.
 Leicht

**Zutaten**

15 Riesengarnelen
3 bis 4 Knoblauchzehen
1 Peperoni
4 EL Öl
2 EL Zitronensaft
Salz, Pfeffer

**Nährwerte p. P.**

*143 kcal*
*26 g Kohlenhydrate*
*2 g Fett*
*6 g Eiweiß*

1 Zunächst den Knoblauch schälen und sehr fein hacken. Anschließend die Peperoni waschen, der Länge nach aufschneiden und die Kerne herauskratzen. Als Nächstes das Öl in eine Pfanne füllen, erhitzen und den Knoblauch zusammen mit der Peperoni darin anschwitzen. Nach 3 bis 4 Minuten das Öl durch ein Sieb abgießen und auffangen. Kurz abkühlen lassen und anschließend den Zitronensaft zu dem Öl geben, gründlich miteinander verquirlen und mit Salz und Pfeffer würzen.

2 Als Nächstes die Garnelen waschen und mit einem Küchenpapier trocken tupfen. Je drei Garnelen auf einen Holzspieß stecken und in eine geeignete Form legen. Nun die Garnelen mit dem vorbereiteten Öl rundherum beträufeln und anschließend für ca. 2 Stunden im Kühlschrank ziehen lassen.

3 Nach Ende der Ziehzeit die Garnelenspieße aus dem Kühlschrank nehmen und etwas Öl in einer Pfanne erhitzen. Die Spieße bei mäßiger Hitze für etwa 3 Minuten je Seite braten. Den fertigen Garnelen-Snack direkt servieren und genießen.

# HÄHNCHEN-WRAPS MIT AVOCADO

4 Port.

30 Min.

Leicht

**Zutaten**

250 g Hähnchenbrustfilet
200 g Tomaten
6 bis 8 Salatblätter
4 Tortilla-Wraps
3 Lauchzwiebeln
2 Avocados
1 Limette
1 gelbe Paprika
½ Salatgurke
1 EL Öl
½ TL Chilipulver
Salz, Pfeffer

**Nährwerte p. P.**

*587 kcal*
*44 g Kohlenhydrate*
*32 g Fett*
*24 g Eiweiß*

1 Zunächst die Limette halbieren und den Saft aus den Hälften pressen. Danach die Lauchzwiebeln putzen, die Enden abtrennen und in gleichmäßige Ringe schneiden. Anschließend die Avocados in zwei Hälften schneiden, den Kern entfernen, das Fruchtfleisch mithilfe eines Löffels herausheben und in eine Schüssel geben.

2 Nun die Avocado mit einer Gabel grob zerdrücken, mit dem Limettensaft beträufeln sowie mit Salz und Pfeffer bestreuen. Abschließend noch mit etwas Chilipulver würzen und die Lauchzwiebeln untermischen.

3 Als Nächstes die Gurke waschen, die Schale entfernen und in Stifte schneiden. Anschließend die Paprika waschen, halbieren, das Kerngehäuse entfernen und in Streifen schneiden. Nun die Tomaten waschen, die Stielansätze herausschneiden und in Würfel schneiden sowie den Salat waschen und grob zerkleinern.

4 Danach das Hähnchenfleisch in mundgerechte Stücke schneiden und mit Salz und Pfeffer bestreuen. Nun das Öl in eine Pfanne füllen, erhitzen und das Fleisch bei mäßiger Hitze für ca. 2 bis 3 Minuten rundherum anbraten.

5 Zum Schluss die Wraps nach Packungsanleitung leicht erwärmen und portionsweise mit der Avocado-Masse bestreichen. Die Tomaten darauf legen und mit dem Salat toppen. Zum Schluss noch die Paprikastreifen sowie die Gurken darüber schichten, mit dem Hähnchenfleisch belegen und abschließend die Wraps relativ fest einrollen. Die fertigen Hähnchen-Wraps schräg aufschneiden und wahlweise warm oder kalt servieren.

# ARME SEGLER

 2 Port.

 10 Min.

 Leicht

**Zutaten**

4 Scheiben Brot
2 Eier
2 EL Milch
1 TL Öl
½ TL Paprikapulver, edelsüß
etwas Kresse (nach Belieben)
Salz, Pfeffer

**Nährwerte p. P.**

*191 kcal*
*20 g Kohlenhydrate*
*8 g Fett*
*9 g Eiweiß*

1 Zunächst die Eier in eine Schüssel geben, die Milch hinzufügen und mit Paprikapulver, Salz und Pfeffer würzen sowie gründlich verquirlen.

2 Als Nächstes die Brotscheiben gegebenenfalls halbieren und anschließend von beiden Seiten in die Ei-Masse legen, sodass das Brot etwas von der Masse aufsaugen kann.

3 Danach das Öl in eine Pfanne geben, erhitzen und die Brotscheiben bei mäßiger Hitze für ca. 1 bis 2 Minuten pro Seite ausbacken.

4 Falls vorhanden die Kresse abschneiden und über die heißen Brotscheiben geben. Die fertigen Armen Segler direkt servieren und heiß genießen.

# SCHICHT-SANDWICH MIT FISCH

 6 Port.  30 Min.  Leicht

**Zutaten**

360 g Gurken-Relish
240 g Räucherlachs
180 g Pumpernickel
90 g Crème fraîche
40 g Senf
30 g flüssigen Honig
3 Eier
1 Handvoll Dill
2 EL Butter
1 EL Öl
Salz, Pfeffer

**Nährwerte p. P.**

*190 kcal*
*24 g Kohlenhydrate*
*4 g Fett*
*14 g Eiweiß*

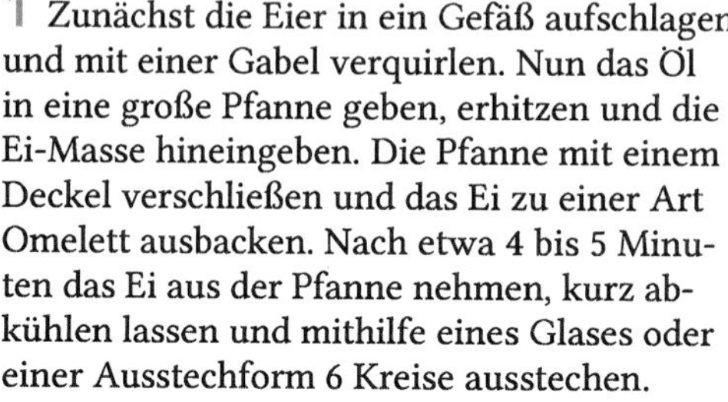

1 Zunächst die Eier in ein Gefäß aufschlagen und mit einer Gabel verquirlen. Nun das Öl in eine große Pfanne geben, erhitzen und die Ei-Masse hineingeben. Die Pfanne mit einem Deckel verschließen und das Ei zu einer Art Omelett ausbacken. Nach etwa 4 bis 5 Minuten das Ei aus der Pfanne nehmen, kurz abkühlen lassen und mithilfe eines Glases oder einer Ausstechform 6 Kreise ausstechen.

2 Als Nächstes den Dill waschen, trocken tupfen und hacken. Nun die Crème fraîche in eine Schüssel geben, den Senf und den Honig dazugeben und alles gründlich vermischen. Anschließend 1 TL Dill unterrühren und mit etwas Salz abschmecken.

3 Danach das Brot ebenfalls mithilfe einer Ausstechform oder eines Glases ausstechen, sodass 12 Kreise entstehen. Anschließend die Butter in eine Pfanne geben, erhitzen und die Brotkreise darin kurz bei mäßiger Hitze für 1 bis 2 Minuten anrösten. Das geröstete Brot aus der Pfanne nehmen und beiseitestellen.

4 Zum Abschluss 6 Gläser bereitstellen und zunächst jeweils 3 TL Honig-Senf-Soße hineinfüllen. Anschließend je 2 EL Gurken-Relish darüber geben und mit einer gerösteten Brotscheibe toppen. Mit etwas Räucherlachs belegen und nochmals 2 EL Gurken-Relish darüber schichten. Erneut je eine Brotscheibe in die Gläser geben und diese mit dem Omelett toppen und etwas eingerollten Lachs darauf betten. Abschließend mit einigen Tropfen Honig-Senf-Soße beträufeln und mit dem Dill bestreuen.

5 Das fertige Schicht-Sandwich bis zum Servieren kalt stellen und dann genießen.

# GEGRILLTE LACHSSPIEẞE

4 Port.

4,5 Std.

Leicht

**Zutaten**

300 g Lachsfilet (ohne Haut)
5 Zweige Thymian
3 Stängel Basilikum
2 Zitronen
2 Pfirsiche
3 EL Olivenöl
Salz, Pfeffer

**Nährwerte p. P.**

*131 kcal*
*4 g Kohlenhydrate*
*6 g Fett*
*15 g Eiweiß*

1 Zunächst den Lachs unter fließendem Wasser abspülen und mit einem Küchenpapier trocken tupfen. Nun das Filet in mundgerechte Stücke zerteilen und in eine Schüssel geben. Als Nächstes das Basilikum und den Thymian waschen, trocken tupfen und von den Stängeln zupfen. Die Kräuter grob hacken und anschließend zum Lachs in die Schüssel geben. Nun mit dem Olivenöl beträufeln, alles gründlich vermengen und für mindestens 2 Stunden im Kühlschrank ziehen lassen.

2 In der Zwischenzeit die Pfirsiche waschen, halbieren, entkernen und das Fruchtfleisch in Würfel zerteilen. Danach die Zitronen ebenfalls waschen und in Scheiben aufschneiden.

3 Nach Ende der Ziehzeit den Lachs aus dem Kühlschrank und mit Salz und Pfeffer bestreuen. Nun im Wechsel Lachs, Zitrone und Pfirsich auf die Spieße stecken.

4 Die Lachsspieße wahlweise auf dem Grill oder unter Zugabe von etwas Öl in der Pfanne bei mäßiger Hitze für etwa 10 bis 12 Minuten grillen bzw. braten. Direkt servieren und heiß genießen.

# Desserts

# APFEL IM TEIGMANTEL

4 Port.

30 Min.

Leicht

**Zutaten**

250 g Mehl
2 Eier
2 Äpfel
200 ml Milch
200 ml Öl (zum Ausbacken)
1 Schuss Zitronensaft
1 Prise Salz
Etwas Puderzucker

**Nährwerte p. P.**

*730 kcal*
*57 g Kohlenhydrate*
*51 g Fett*
*12 g Eiweiß*

1 Zunächst das Mehl in eine große Schüssel füllen mit dem Salz vermischen und anschließend die Eier und die Milch hinzufügen. Alles gründlich miteinander verrühren, bis ein zähflüssiger Teig entsteht.

2 Als Nächstes die Äpfel schälen, das Kerngehäuse herausstechen und die Äpfel in ca. 1 cm dicke Ringe aufschneiden. Zum Schluss die Apfelringe mit etwas Zitronensaft beträufeln.

3 Nun das Öl in eine Pfanne geben und erhitzen. Dann die Apfelringe nacheinander in den Teig tauchen direkt im Anschluss in die Pfanne geben. Die Apfelringe bei mäßiger Hitze für ca. 5 bis 6 Minuten goldbraun ausbacken und hierbei mehrfach wenden.

4 Nach der Ausbackzeit die Ringe auf ein mit Küchenpapier ausgelegten Teller legen und etwas abtropfen lassen. Abschließend mit etwas Puderzucker bestreuen und noch warm servieren.

# MARILLENBÄLLCHEN

3 Port. 15 Min. Leicht

**Zutaten**

250 g Magerquark
140 g Semmelbrösel
130 g Mehl
70 g Butter + 1 EL
6 Marillen
6 Stückchen Würfelzucker
1 Ei
5 EL Puderzucker
1 Prise Salz

**Nährwerte p. P.**

*696 kcal*
*96 g Kohlenhydrate*
*24 g Fett*
*22 g Eiweiß*

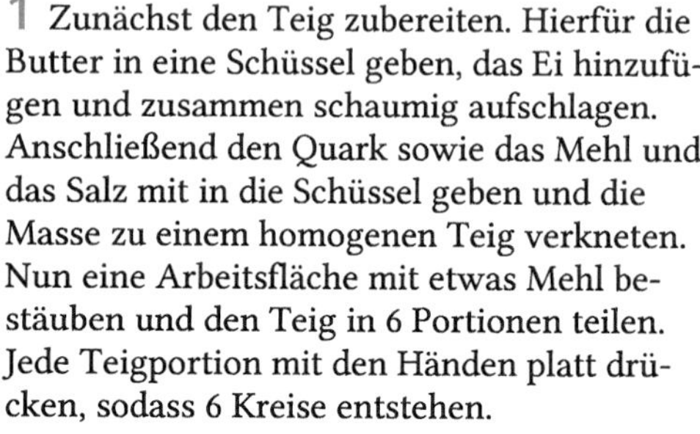

1 Zunächst den Teig zubereiten. Hierfür die Butter in eine Schüssel geben, das Ei hinzufügen und zusammen schaumig aufschlagen. Anschließend den Quark sowie das Mehl und das Salz mit in die Schüssel geben und die Masse zu einem homogenen Teig verkneten. Nun eine Arbeitsfläche mit etwas Mehl bestäuben und den Teig in 6 Portionen teilen. Jede Teigportion mit den Händen platt drücken, sodass 6 Kreise entstehen.

2 Als Nächstes die Marillen waschen, trocken tupfen und mittig halbieren. Den Kern herauslösen und stattdessen ein Stück Würfelzucker in die Vertiefung legen. Die Marillenhälften wieder zuklappen und je eine Marille mittig auf einen Teigkreis legen. Den Teig um die Marille herum einklappen und mit den Fingern verschließen, sodass kleine Bällchen entstehen.

3 Im Anschluss einen Topf mit Wasser befüllen, etwas Salz hineingeben und aufkochen lassen. Die Marillenbällchen nun in das kochende Wasser geben und bei schwacher Hitze für etwa 10 bis 12 Minuten leise köcheln lassen.

4 In der Zwischenzeit 1 EL Butter in eine Pfanne geben, erhitzen und die Semmelbrösel darin anrösten. Sobald die Marillenbällchen an die Wasseroberfläche steigen, sind sie gar und können aus dem Topf genommen werden. Die Bällchen nun in die Pfanne mit den Semmelbröseln legen, kurz schwenken und anschließend auf einen Teller lagern.

5 Die fertigen Marillenbällchen kurz vor dem Servieren mit etwas Puderzucker bestäuben und wahlweise warm oder kalt servieren.

# APFELSCHICHT-DESSERT

6 Port.

2,5 Std.

Leicht

## Zutaten

250 g Magerquark
250 g Naturjoghurt
200 g Apfelmus
24 Löffelbiskuits
2 Päckchen Vanillezucker
½ TL Zimt + etwas Zimt (zum Dekorieren)
360 ml Apfelsaft

## Nährwerte p. P.

*730 kcal*
*57 g Kohlenhydrate*
*51 g Fett*
*12 g Eiweiß*

1 Zunächst eine große Auflaufform bereitstellen und den Apfelsaft in einen tiefen Teller gießen. Nun die Löffelbiskuits nacheinander in den Apfelsaft tauchen und anschließend nebeneinander in die Auflaufform legen und mit ca. 100 g Apfelmus bestreichen.

2 Als Nächstes den Quark in eine Schüssel geben, mit dem Joghurt vermischen und anschließend den Vanillezucker und den Zimt hinzufügen und gründlich umrühren. Die Hälfte der Joghurt-Quark-Masse nun auf dem Apfelmus verteilen und glatt streichen.

3 Danach wieder einige Löffelbiskuits in den Apfelsaft tauchen und eine zweite Keksschicht auf die Quarkmasse legen. Diese Biskuitschicht mit dem restlichen Apfelmus bestreichen und mit der übrigen Joghurt-Quark-Masse toppen.

4 Das Apfelschicht-Dessert nun mit etwas Frischhaltefolie abdecken und für etwa 2 Stunden im Kühlschrank durchkühlen lassen. Nach Ablauf der Kühlzeit das fertige Dessert aus dem Kühlschrank nehmen, mit etwas Zimt bestäuben und kalt servieren.

# EXOTISCHER MILCHREIS

6 Port. | 1 Std. 35 Min. | Leicht

**Zutaten**

250 g Milchreis
750 ml Milch
250 ml Orangensaft
250 ml Kokosmilch
1 Banane
1 Mango
1 Kiwi
1 kleine Dose Pfirsiche
1 EL Zucker
Etwas hellen Soßenbinder (zum Andicken)

**Nährwerte p. P.**

*405 kcal*
*63 g Kohlenhydrate*
*13 g Fett*
*9 g Eiweiß*

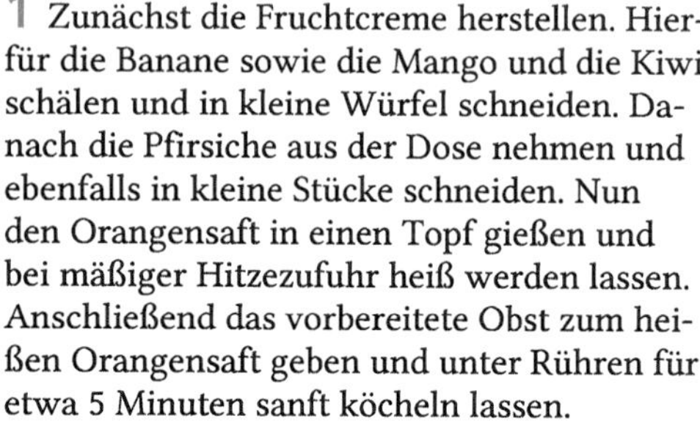

1 Zunächst die Fruchtcreme herstellen. Hierfür die Banane sowie die Mango und die Kiwi schälen und in kleine Würfel schneiden. Danach die Pfirsiche aus der Dose nehmen und ebenfalls in kleine Stücke schneiden. Nun den Orangensaft in einen Topf gießen und bei mäßiger Hitzezufuhr heiß werden lassen. Anschließend das vorbereitete Obst zum heißen Orangensaft geben und unter Rühren für etwa 5 Minuten sanft köcheln lassen.

2 Nach Ablauf der Kochzeit den Soßenbinder einrühren, bis die Fruchtcreme eine cremige nahezu geleeartige Konsistenz hat. Die fertige Fruchtcreme vom Herd nehmen, abkühlen lassen und bis zur weiteren Verwendung im Kühlschrank kalt stellen.

3 Als Nächstes den Milchreis zubereiten. Dafür die Milch in einen Topf gießen und unter Rühren aufkochen. Nun den Zucker einrieseln lassen und gründlich unterrühren. Danach den Milchreis einrühren und für ca. 15 Minuten bei schwacher Hitze leise köchelnd garen.

4 Nach Ablauf der Kochzeit die Kokosmilch zum Milchreis geben, vorsichtig umrühren und für weitere 5 Minuten leise köcheln lassen. Den fertigen Milchreis in sechs kleine Schälchen oder Gläser füllen und beiseitestellen, sodass sie etwas abkühlen können. Anschließend für ca. 45 Minuten im Kühlschrank kalt stellen.

5 Nachdem der Milchreis vollständig erkaltet ist, können die Gläser aus dem Kühlschrank genommen werden. Anschließend die Fruchtcreme gleichmäßig auf dem Milchreis verteilen und den fertigen exotischen Milchreis servieren.

# GRIECHISCHER JOGHURT MIT LIMETTENNOTE

4 Port.

250Min.

Leicht

## Zutaten

1 kg griechischer Joghurt
3 Vollkornkekse
1 Dose süße Kondensmilch
50 ml Limettensaft
2 EL flüssige Butter
1 EL Zucker
2 TL Zitronenabrieb

## Nährwerte p. P.

*162 kcal*
*12g Kohlenhydrate*
*7 g Fett*
*12 g Eiweiß*

1 Zunächst die Kekse grob zerkrümeln und in eine kleine Pfanne geben. Die flüssige Butter darüber träufeln und mit dem Zucker bestreuen. Bei schwacher Hitze für etwa 5 bis 6 Minuten anrösten und währenddessen umrühren. Den Crumble anschließend vom Herd nehmen und etwas abkühlen lassen.

2 Währenddessen die Kondensmilch in eine Schüssel geben und mit dem Limettensaft vermischen. Anschließend den Zitronenabrieb unterrühren und abschließend den Joghurt hinzufügen. Nun alles gründlich miteinander verrühren.

3 Den fertigen Joghurt gleichmäßig auf vier Gläser oder Schälchen verteilen und mit dem vorbereiteten Crumble bestreuen. Direkt servieren und kalt genießen.

# FRUCHTIGE HONIG-MASCARPONE-CREME

4 Port.

15 Min.

Leicht

**Zutaten**

◊

**Nährwerte p. P.**

*199 kcal*
*15 g Kohlenhydrate*
*13 g Fett*
*5 g Eiweiß*

1 Zunächst die Erdbeeren waschen, das Grün entfernen und in eine Schüssel geben. Anschließend die Heidelbeeren waschen, abtropfen lassen und dann zu den Erdbeeren geben. Nun die Zitrone halbieren und den Saft einer Hälfte zu den Beeren pressen. Alles ausgiebig miteinander vermengen.

2 Als Nächstes die Mascarpone in eine zweite Schüssel geben, den Joghurt hinzufügen und beides zu einer glatten Creme verrühren. Die Creme mit dem Honig süßen und das Vanilleextrakt dazugeben. Zum Schluss noch die zweite Zitronenhälfte auspressen und den Saft in die Creme rühren.

3 Zum Schluss abwechselnd je eine Schicht Mascarpone-Creme und eine Schicht Beeren in die Gläser schichten und hierbei mit einer Beeren-Schicht enden. Die fruchtige Honig-Mascarpone-Creme bis zum Servieren kalt stellen und dann direkt genießen.

# KLASSISCHER VANILLEPUDDING

4 Port.

15 Min.

Leicht

**Zutaten**

100 g Zucker
80 g Speisestärke
1 l Milch
1 Vanilleschote
1 Eigelb
1 Prise Salz

**Nährwerte p. P.**

*115 kcal*
*21 g Kohlenhydrate*
*2 g Fett*
*6 g Eiweiß*

1 Zunächst 750 ml Milch in einen Topf füllen und bei schwacher Hitzezufuhr heiß werden lassen. Währenddessen den Zucker in eine Schüssel füllen und die Speisestärke dazugeben. Kurz miteinander vermischen und anschließend mit der restlichen kalten Milch aufgießen. Zum Schluss noch das Ei aufschlagen und das Eigelb hinzufügen und dann alles gründlich verrühren.

2 Als Nächstes den Topf mit der heißen Milch (kurz vorm Kochen) von der Herdplatte nehmen. Danach die Vanilleschote der Länge nach aufschneiden, das Mark mit einem Messer herauskratzen und anschließend zusammen mit der halbierten Schote in die heiße Milch geben. Die Vanillemilch für ca. 3 bis 5 Minute ziehen lassen und dann zurück auf die Herdplatte stellen. Die leere Schote aus der Milch nehmen und anschließend unter Rühren erhitzen.

3 Zum Schluss den Stärke-Zucker-Mix langsam einrieseln lassen und gründlich einrühren. Die Masse nochmals aufkochen und dann den Herd ausschalten. Den fertigen Pudding abkühlen lassen und wahlweise warm oder kalt servieren.

# KLASSISCHER SCHOKOPUDDING

4 Port. 2,5 Std. Leicht

**Zutaten**

110 g Puderzucker
50 g Backkakao
50 g Stärkemehl
2 Eigelbe
550 ml Milch
1 TL Zimt
1 Prise gemahlene Muskatnuss

**Nährwerte p. P.**

*299 kcal*
*46 g Kohlenhydrate*
*8 g Fett*
*9 g Eiweiß*

1 Zunächst die Stärke in eine Schüssel sieben und mit dem Kakao, dem Zucker, dem Zimt und der gemahlenen Muskatnuss vermischen. Anschließend 2 EL der Milch hinzufügen und alles zu einer cremigen Masse verrühren. Als Nächstes die Eigelbe zu der Creme geben und nochmals gründlich unterheben.

2 Danach die restliche Milch in einen Topf gießen und bei mäßiger Hitze heiß werden lassen. Kurz bevor die Milch aufkocht, den Topf von der Herdplatte nehmen und die vorbereitete Creme kräftig einrühren.

3 Nun den Topf zurück auf den Herd stellen und die Masse bei mäßiger Hitze heiß werden lassen, bis sie leicht glänzend und cremig ist. Den Pudding vom Herd nehmen und für mindestens 2 Stunden abkühlen lassen. Anschließend servieren und direkt genießen.

# SÜßES COUSCOUS-DESSERT

4 Port.

15 Min.

Leicht

**Zutaten**

250 g Couscous
1 Apfel
400 ml Apfelsaft
8 EL Apfelmus
Etwas Zimt

**Nährwerte p. P.**

*296 kcal*
*63 g Kohlenhydrate*
*1 g Fett*
*6 g Eiweiß*

1 Zunächst den Couscous kochen. Hierfür nach der Packungsanleitung richten, jedoch 350 ml Wasser gegen 360ml Apfelsaft austauschen und zusätzlich etwas Zimt hinzugeben.

2 Den fertigen Couscous etwas abkühlen lassen und währenddessen den Apfel waschen, das Kerngehäuse entfernen und in sehr dünne Spalten schneiden. Nun den restlichen Apfelsaft in eine kleine Pfanne füllen, die Apfelspalten dazugeben und bei mäßiger Hitze für etwa 3 bis 4 Minuten andünsten. Währenddessen mit etwas Zimt bestäuben und dann vom Herd nehmen.

3 Den abgekühlten Couscous anschließend gleichmäßig in vier Dessertgläser füllen und mit je 2 EL Apfelmus toppen. Nun die gedünsteten Apfelspalten zu gleichen Teilen auf dem Apfelmus verteilen und das fertige Couscous-Dessert noch lauwarm servieren.

# WALNUSSTRAUM

6 Port.

30 Min.

Leicht

**Zutaten**

150 g gemahlene Walnüsse
100 g Zucker
6 Blatt weiße Gelatine
6 Walnüsse
1 Päckchen Vanillezucker
300 ml Milch
250 ml süße Sahne
1 EL Orangensaft
1 Prise Salz
Etwas Kakaopulver

**Nährwerte p. P.**

*401 kcal*
*25 g Kohlenhydrate*
*29 g Fett*
*9 g Eiweiß*

1 Zunächst die Gelatine in eine Schüssel legen und mit kaltem Wasser aufgießen. Während die Gelatineblätter einweichen, den Orangensaft in einen Topf geben, den Zucker und das Salz hinzufügen und unter Rühren erhitzen. Nun die Gelatineblätter ausdrücken und zum Saft in den Topf geben. Die Gelatine einrühren, bis sie sich vollständig aufgelöst hat.

2 Als Nächstes die gemahlenen Walnüsse in den Topf geben, unterrühren und anschließend portionsweise langsam die Milch dazugießen. Unter Rühren nochmals erhitzen, ohne dass die Masse aufkocht. Sobald die Walnusscreme andickt den Topf vom Herd nehmen und etwas abkühlen lassen.

3 Währenddessen die Sahne in ein hohes Gefäß geben und den Vanillezucker hinzufügen. Beides zusammen steif schlagen und ca. 6 EL Sahne beiseitestellen. Die restliche Sahne zur Walnusscreme geben und vorsichtig unterheben.

4 Die fertige Creme in sechs kleine Schälchen oder Gläser verteilen, mit der zurückgehaltenen Sahne toppen und bis zum Servieren kalt stellen. Kurz vor dem Servieren die Walnüsse knacken und die Nüsse halbieren. Nun die Gläser aus dem Kühlschrank nehmen und den fertigen Walnusstraum mit dem Kakaopulver bestäuben und mit einigen Walnüssen dekorieren. Direkt servieren und kalt genießen.

# Getränke

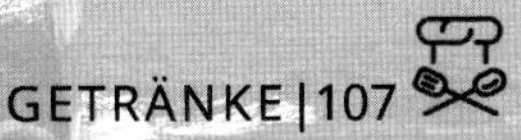

# BANANEN-APFEL-DRINK

2 Port.

5 Min.

Leicht

**Zutaten**

1 Apfel
1 Banane
150 ml Wasser
150 ml Milch
80 ml Orangensaft
1 Prise gemahlene Vanille

**Nährwerte p. P.**

*127 kcal*
*24 g Kohlenhydrate*
*1 g Fett*
*4 g Eiweiß*

5 Zunächst die Schale der Banane entfernen und anschließend grob zerstückeln. Danach die Schale vom Apfel entfernen, das Kerngehäuse heraustrennen und das Fruchtfleisch ebenfalls in grobe Stücke schneiden.

6 Als Nächstes das vorbereitete Obst in ein hohes Gefäß geben und mit dem Wasser, der Milch und dem Orangensaft aufgießen. Eine Prise gemahlene Vanille hinzufügen und alles mithilfe eines Pürierstabs zu einer feincremigen Masse pürieren.

7 Den fertigen Bananen-Apfel-Drink gleichmäßig auf zwei Gläser verteilen und mit einem Strohhalm servieren.

# ROTER POWER-DRINK

 2 Port.

 10 Min.

 Leicht

**Zutaten**

1 Apfel
1 Banane
200 g Rote Bete
150 ml Wasser
125 ml Orangensaft
50 ml Haferdrink
1 TL Leinöl
1 Prise Kurkuma
Etwas Pfeffer

**Nährwerte p. P.**

*171 kcal*
*33 g Kohlenhydrate*
*2 g Fett*
*3 g Eiweiß*

1 Zunächst die Schale der Banane entfernen und anschließend grob zerstückeln. Danach die Rote Bete gründlich waschen, den Strunk entfernen und die Bete in kleine Stücke zerteilen. Zum Schluss noch den Apfel waschen, das Kerngehäuse heraustrennen und das Fruchtfleisch ebenfalls in grobe Stücke schneiden.

2 Als Nächstes das vorbereitete Obst in ein hohes Gefäß geben und mit dem Wasser, dem Haferdrink, dem Orangensaft und dem Öl aufgießen. Mithilfe eines Pürierstabs zu einer feincremigen Masse pürieren und abschließend nach Belieben mit Kurkuma und Pfeffer würzen.

3 Den fertigen roten Power-Drink gleichmäßig auf zwei Gläser verteilen und mit einem Strohhalm servieren.

# EXOTISCHER RUMTOPF

5 Liter

1,5 Std.

Leicht

**Zutaten**

3 kg Zucker
300 g gelbe Pfirsiche
300 g Weintrauben
300 g Zwetschgen
300 g Erdbeeren
300 g Aprikosen
300 g Kirschen
300 g Ananas
300 g Mango
5 l brauner Rum

**Nährwerte p. 100 ml**

*581 kcal*
*65 g Kohlenhydrate*
*1 g Fett*
*1 g Eiweiß*

1 Zunächst die Erdbeeren waschen, das Grün entfernen und anschließend die Früchte in den Rumtopf füllen. Ein Drittel des Zuckers zu den Erdbeeren geben und für ca. 60 Minuten ziehen lassen.

2 In der Zwischenzeit das restliche Obst waschen, bei Bedarf schälen, entkernen und in kleine Stücke schneiden. Nachdem die Erdbeeren durchgezogen sind, das restliche Obst dazugeben und mit dem übrigen Zucker bestreuen. Anschließend mit dem Rum aufgießen. Alles gründlich verrühren und gut durchziehen lassen.

3 Der fertige exotische Rumtopf kann nun für ca. 6 Monate an einem kühlen, dunklen Ort gelagert werden. Hierbei sollte der Rumtopf einmal in der Woche mit einem Edelstahllöffel sanft umgerührt werden.

# EISTEE

1 Liter

1,5 Std.

Leicht

**Zutaten**

80 g brauner Zucker
1 l Wasser
4 TL Schwarzer Tee
4 Zitronen
Eiswürfel (nach Belieben)

**Nährwerte p. 100 ml**

*36 kcal*
*9 g Kohlenhydrate*
*1 g Fett*
*1 g Eiweiß*

1 Zunächst das Wasser aufkochen lassen und den Tee in ein Teesieb oder Tee-Ei füllen. Nun den Tee mit dem kochenden Wasser überbrühen und für ca. 2 Minuten ziehen lassen. Anschließend das Teesieb entfernen und danach den Zucker hinzugeben. Gründlich umrühren, bis sich die Zuckerkristalle aufgelöst haben.

2 Den gesüßten Tee in den Kühlschrank geben und für ca. 1 Stunde abkühlen lassen. In der Zwischenzeit eine Zitrone gründlich waschen und in gleichmäßige Scheiben zerteilen. Die restlichen Zitronen halbieren und den Saft herauspressen.

3 Nachdem der Tee abgekühlt ist, den Zitronensaft dazugießen und die Zitronenscheiben in den Tee geben. Nach Belieben mit einigen Eiswürfeln auffüllen und den fertigen Eistee servieren.

# GURKEN-LIMO

2 Port.

10 Min.

Leicht

**Zutaten**

600 g Salatgurke
1 Bund frisches Basilikum
100 ml Wasser
60 ml Zitronensaft
60 ml Lime Juice
Etwas Mineralwasser (mit Gas)
einige Eiswürfel (nach Belieben)

**Nährwerte p. P.**

*86 kcal*
*15 g Kohlenhydrate*
*1 g Fett*
*3 g Eiweiß*

1 Zunächst die Gurke waschen und grob zerstückeln. Anschließend das Basilikum waschen, trocken tupfen und die Blättchen von den Stielen zupfen. Nun die Gurke und die Basilikumblätter in ein hohes Gefäß füllen, mit dem Wasser und dem Zitronensaft aufgießen und dann mithilfe eines Pürierstabs sehr fein mixen.

2 Im Anschluss durch ein Sieb abgießen und den Lime Juice hinzugießen. Gründlich umrühren und anschließend gleichmäßig auf zwei Gläser verteilen. Mit einem Schuss Mineralwasser auffüllen und nach Belieben Eiswürfel dazugeben.

3 Die fertige Gurken-Limo mit einem Strohhalm servieren und kalt genießen.

# PUNSCH

4 Port.

15 Min.

Leicht

**Zutaten**

750 Schwarzer Tee
250 ml roter Traubensaft
100 ml brauner Rum
2 EL brauner Zucker
1 Sternanis
1 Nelke

**Nährwerte p. P.**

*128 kcal*
*17 g Kohlenhydrate*
*1 g Fett*
*1 g Eiweiß*

1 Zunächst den Rum zusammen mit dem Traubensaft in einen kleinen Topf füllen, den Sternanis, die Nelke und den Zucker dazugeben. Unter Rühren für ca. 10 Minuten sanft erhitzen (nicht kochen) und ziehen lassen.

2 Nach Ablauf der Ziehzeit den Traubensaft-Rum-Mix durch ein Sieb abgießen und im Anschluss den Schwarzen Tee hinzugeben. Alles zusammen nochmals kurz erwärmen und den fertigen Punsch noch heiß servieren.

# MORS

8 Port.

1 Std.

Leicht

**Zutaten**

250 g Cranberrys
200 g Zucker
2 l Wasser

**Nährwerte p. P.**

*108 kcal*
*26 g Kohlenhydrate*
*1 g Fett*
*1 g Eiweiß*

1 Zunächst die Cranberrys in ein Sieb geben und unter fließendem Wasser abspülen. Danach kurz abtropfen lassen und anschließend mithilfe einer Gabel zerdrücken. Die zerstampften Cranberrys in einen kleinen Topf füllen, mit dem Zucker bestreuen und danach mit dem Wasser aufgießen.

2 Bei mittlerer Hitze für ca. 15 Minuten leise köcheln lassen. Nach Ende der Kochzeit den Topf von der Herdplatte nehmen, kurz abkühlen lassen und im Anschluss durch ein feines Sieb abgießen. Nun den fertigen Mors für ca. 30 bis 40 Minuten in den Kühlschrank stellen und erst danach servieren und kalt genießen.